JE SUIS VOTRE PIRE CAUCHEMAR

Ouvrage publié sous la direction d'Aurélie Starckmann
Réalisation éditoriale : Stéphanie Tarot, assistée de Marie Euverte
Conception graphique et mise en pages : Istria
Relecture et correction : Audrey Peuportier

Illustration de couverture : Hina Hundt
Photo : Adeline Rapon

Éditions Albin Michel
22, rue Huyghens, 75014 Paris
HYPERLINK "http://www.albin-michel.fr/" www.albin-michel.fr

ISBN : 9782226461261
N° d'édition : 24463/1

Kiyémis

JE SUIS VOTRE PIRE CAUCHEMAR

Albin Michel

Sommaire

« And I say to my body. Softly. “I want to be your friend.”

It took a long breath. And replied. I have been waiting my whole life for this. »

Nayyirah Waheed, *salt*

Chapitre 1

La fille-cauchemar

Fichue étiquette XXXL.

J'ai du mal à me souvenir d'une période où je n'ai pas eu envie de perdre du poids.

Suis-je la seule à avoir passé le plus clair de mon temps à fantasmer sur la maigreur ? Dix mille jours et des poussières à rêver d'une taille 36 et d'innombrables heures à pleurer sur mon surpoids.

Parce que oui, ce désir de taille S s'accompagnait forcément d'une flagellation de mon propre corps.

Potelée

Plus jeune, j'avais une amie très proche. Appelons-la Marion. Au début des années 1990, les cours d'école débordaient de Marion. C'était l'époque des cités HLM aux noms de jardins. Des projets architecturaux souvent loufoques, d'inspiration polonaise, construits en opposition aux immenses barres d'immeubles en béton. Des logements qui rappelaient les chalets de montagne en plein cœur de la ville. Un « écoquartier » bobo-compatible avant l'heure, avec des revêtements en bois et des places faites en briques rouge ocre. Évidemment, à l'époque, je n'avais pas ce recul. Tout ce que je savais, c'était que notre voisine avait un atelier d'artiste, et que tout le monde se réjouissait de « la mixité sociale » de la cité en bois, tout en faisant des pieds et des mains pour mettre ses enfants dans « l'école du centre ».

Moi aussi je voulais y aller, puisque c'était là qu'était inscrite Marion.

Elle habitait un beau pavillon en centre-ville et je la retrouvais souvent là-bas pour jouer aux Polly Pocket dans son immense chambre de princesse. D'ailleurs, Marion ressemblait un peu à l'image que je me faisais d'une princesse à l'époque. Elle portait de jolies robes avec des nattes bien proprettes, mais il lui arrivait aussi de chanter faux en ma compagnie lors des kermesses, de plaisanter avec moi en classe, et d'échanger des cartes Diddl avec ses autres amies. C'est elle qui m'avait appris à faire du vélo sans les petites roues, elle qui m'avait tenu la main lorsque nous étions rentrées au CP. Son anniversaire tombait quelques semaines avant le mien, et nous passions des semaines délicieuses de printemps à choisir nos invités, à distribuer des cartons d'invitation, et à aller chercher des cadeaux pour l'une et l'autre. Le jour venu, elle arrivait à la maison la première et repartait le plus souvent la dernière. Marion, c'était mon amie.

Un jour, en rentrant de l'école, alors que je raconte une de nos aventures à ma mère, celle-ci m'interrompt : « Marion, c'est ton amie qui est bien potelée, non ? »

Potelée.

La première fois que j'ai entendu ce mot, j'imaginais un objet délicat, fragile, joli. Un objet tout en courbes dont on prendrait soin. Une sorte de petite œuvre d'art.

Potelée.

Un mot qui glisse dans la bouche, mélodieux, doux. Mais le ton n'était jamais bienveillant, de même que le froncement de sourcils désapprobateur, et parfois le rire, gentiment moqueur, qui l'accompagnait. Aux yeux de ma mère, le sourire de Marion, son regard bleu azur, son rire communicatif, sa finesse, sa vantardise parfois, n'existaient plus. Elle était devenue « la fille potelée ». Quand je lui rapportais nos jeux, l'expression revenait toujours « Marion ? Ah oui, la fille potelée... »

Potelée.

Ce mot était incompréhensible pour moi à l'époque. Aujourd'hui, je sais que c'était un doux euphémisme pour dire que Marion était grosse, ou tout du moins, plus grosse que mes autres amies. Je ne me souviens pas avoir osé demander pourquoi être potelée était quelque chose de si notable que Marion doive être résumée à cela. Son corps était déjà sous surveillance et à travers elle, je me suis rendu compte que le mien l'était aussi.

Pour une femme occidentale, le terme « potelée » n'est pas un compliment. Il m'a fallu du temps pour le comprendre. Dans les années 1990, Kate Moss et Sarah Jessica Parker incarnaient les critères de beauté. Dans les années 1990, on fantasmait sur la minceur trois cent soixante-cinq jours par an. La société, ta mère, ta cousine et même la plus belle de tes copines idolâtraient la minceur vendue par les *supermodels*. Alors, très tôt, moi aussi, j'ai pris le pli et je m'y suis mise.

Ce culte de la minceur comporte évidemment de nombreux problèmes, pour toutes, y compris pour celles qui sont minces, j'y reviendrai plus loin. Mais évoluer dans une société qui met sur un piédestal une forme de corps et qui honnit le corps dans lequel tu es, c'est d'une violence extrême, surtout dans l'enfance.

Lorsqu'on ne fait pas une taille 34, quand notre corps ne veut pas se plier au règne incontesté de la taille XS, ça tourne vite au cauchemar. La fille grosse se trouve coincée dans le corps de la fille-cauchemar. La fille-cauchemar, c'est l'anti-princesse, l'autre, la fille étrange. Celle qui n'est pas belle, qui dérange, qui dégoûte, cible privilégiée des rires moqueurs. La poupée de chiffon que toutes les petites filles craignent, sans toujours le formuler, de devenir. Celle qui, en plus de ne pas être garçon, échoue même à être belle à voir. Cette figure, cauchemardesque, est un personnage central des peurs que l'on transmet aux petites filles et aux femmes. Après tout, l'enfance est le moment où nous commençons tous à recevoir ce que j'appellerai les « contes du patriarcat ». L'une de ses caractéristiques principales, à la fille-cauchemar, c'est bien d'être grosse.

Je me suis souvenue d'une chose que je pensais à l'époque et que j'avais oubliée. Une chose apparue à la puberté, lorsque j'ai commencé à dépasser d'une tête toutes mes camarades de classe, ou quand les vergetures ont commencé à apparaître.

Chaque fois que je craignais de devenir potelée, je me référais à Marion. Elle n'était plus mon amie, celle avec qui j'avais passé d'innombrables moments de complicité. Elle était devenue mon mètre-étalon, un check-point sur la frontière entre les filles « normales » et les autres, les potelées. J'avais compris qu'il fallait que je reste « plus mince que Marion ».

Sur les photos de classe, j'ai toujours fait partie des plus grandes parmi les filles. Celle que l'on mettait au milieu pour ne pas cacher les autres. Je prenais déjà trop de place. Mes seins, mes lunettes tordues et mon appareil dentaire prenaient trop de place. Je ne me sentais pas normale, alors je me repliais sur moi-même pour ne pas paraître trop différente des autres sur les photos. Puis, on m'a demandé de me mettre à côté des garçons. Mon corps, omniprésent, n'était plus un allié. Il devenait, un « ennemi dont il fallait se méfier ».

Il devenait une anormalité qu'il fallait cacher.

Les étiquettes de Jennyfer

À 12 ans, en arrivant au collège, je n'avais qu'une envie, c'était d'être « normale ». Pour moi, les filles normales, c'était celles que je voyais à la télé, dans les publicités pour jouets qui passaient avant les dessins animés, ou dans les clips pour enfants. Elles étaient minces, leurs cheveux tombaient dans leur dos et elles s'habillaient chez Jennyfer – du moins, c'est ce que je croyais à 12 ans ! Surtout, elles étaient populaires, on les aimait, on les acclamait même. Elles symbolisaient ce que c'était d'être une femme.

L'année de mes 12 ans... c'était aussi l'année fatidique où j'ai eu mes règles, où ma mère m'a expliqué que je devenais « une jeune fille », et où on m'a fait remarquer que je devais porter des brassières (que je trouvais inconfortables).

À l'époque, que n'aurais-je donné pour être dans un autre corps ?

Tous les samedis, mon frère et moi accompagnions ma mère au centre commercial du coin pour l'aider à faire ses courses. Je voyais, en face du Carrefour, ce magasin lumineux, d'où s'échappait une musique qu'à l'époque j'aurais qualifiée de tendance. J'ai supplié ma mère pendant des heures de m'emmener chez Jennyfer. Toutes les jeunes filles de mon quartier s'habillaient dans ce magasin, qui symbolisait pour moi un rite de passage vers l'adolescence.

Quand Marion est revenue des grandes vacances, entre la sixième et la cinquième, elle était beaucoup plus mince et tout le monde l'a félicitée. Elle avait fait ses courses chez Jennyfer, et sa nouvelle tenue avait fait sensation. Elle était désormais entourée de filles comme elle : blanches, minces et jolies. Toutes habillées de manière très stylée. Toutes resplendissantes de joie et de fierté. Il m'apparaissait de plus en plus clairement qu'il existait deux camps. Celui des « normales », valorisées socialement, et celui des autres, dont je faisais partie.

En cinquième, je ne rentre pas dans le cadre. Je suis dans le mauvais camp, celui des moches, des « grosses ». Celles qui ne font pas envie et qui doivent se cacher dans les vestiaires pour éviter les moqueries. On hait mon corps, et j'avale cette haine, année après année. Je la transforme, et cette haine se mue en honte de moi-même.

Avant même mes premières règles, j'avais donc intériorisé plusieurs choses :

- Les autres femmes sont des objets auxquels je dois me comparer, et de cette comparaison je tirerai ma valeur.
- Ma valeur vient essentiellement de mon corps : plus le numéro de l'étiquette sur mes jeans s'éloigne du 36, moins je suis aimée.
- Le corps gros est peu valorisé, et je dois le détester.

Le corps gros : un échec de mince

J'avais passé la fin de mon enfance à le redouter, en vain : j'étais devenue la « fille-cauchemar ». À 13 ans, j'avais déjà intégré que j'étais « moche et grosse », et être moche, que l'on soit enfant, adolescente ou adulte, c'est pour une femme une condamnation sociale. Peu de gens s'intéressent aux raisons de la prise de poids, ou à l'état mental de la personne qui voit son corps changer. Tout ça n'a pas réellement d'importance. Dans une société grossophobe, le problème, c'est toi. En cinquième, je suis ainsi inexorablement devenue « grosse » donc « moche ». Mon corps était devenu un problème.

À l'époque, si on m'avait parlé de « grossophobie intériorisée », j'aurais eu du mal à comprendre. Mais en réalité, je suis certaine que la moi de 13 ans aurait aimé avoir un mot qui lui permette d'expliquer ce qu'elle ressentait face à son propre corps. Je pense que connaître ce concept m'aurait permis de comprendre ce qui m'arrivait. J'entends certains qualifier le terme « grossophobie » d'*invention* comme si le reste de la langue française avait poussé sur un arbre. D'une, tous les mots sont inventés, de deux, si les mots sont inventés, c'est pour décrire des phénomènes réels. Passons.

Daria Marx et Eva Perez-Bello définissent la grossophobie comme « l'ensemble des attitudes hostiles et discriminantes à l'égard des personnes en surpoids[1] ». Mais la grossophobie ne se limite pas qu'à la peur des gros.

La grossophobie c'est :

- penser qu'il est normal qu'un recruteur écarte une candidature parce que l'on associe les valeurs morales d'une personne à sa corpulence ;

1. Daria Marx et Eva Perez-Bello, *« Gros » n'est pas un gros mot : Chroniques d'une discrimination ordinaire*, Flammarion, 2018.

- avoir une peur panique de devenir gros ;
- organiser un *shadow-ban*[2] sur un hashtag pour invisibiliser les corps gros sur un réseau social ;
- considérer que les problèmes médicaux d'une personne sont uniquement liés à son surpoids (*Hello*, les médecins qui recommandent de faire un régime alors qu'on vient les voir pour une angine !) ;
- traquer le moindre centimètre de gras des célébrités (surtout des femmes) et les exposer en une des magazines en les accusant de « se laisser aller » ;
- représenter des personnes grosses de manière négative, comme on l'a vu à la suite du premier confinement en 2020, en insistant sur le fait que prendre quelques kilos après six semaines confinés serait blâmable (alors même qu'une maladie potentiellement mortelle se propageait, rappelons-le) ;
- Etc., etc., la liste est longue.

Tout se passe comme si les personnes grosses étaient, pour reprendre les mots de Nawale, militante anti-grossophobie, des « personnes minces en échec ». Cette idée, on la retrouve dans la presse, mais également à la télévision. Combien de fois avons-nous vu des femmes grosses être tournées en dérision ? Ou figurant le « avant » des opérations de relooking et de maquillage ? Qui n'a pas vu, lu, voire écrit, des commentaires désobligeants sur le physique de Loana, ex-star de la téléréalité, la youtubeuse

2. *Shadow ban* : expression que l'on peut traduire par « bannissement furtif ». Phénomène qui rend les publications Instagram de certains comptes introuvables. Selon Numerama, la plateforme ne reconnaît pas officiellement l'usage du *shadow ban*.

EnjoyPhoenix, ou encore la chanteuse Louane ? La grossophobie, c'est un ensemble de mécanismes qui marginalisent et excluent les personnes grosses du corps social en leur rendant impossible l'accès à certaines ressources, dans d'innombrables domaines : logement, emploi, accès aux soins, accès aux positions de pouvoir, visibilité...

Aux origines de la grossophobie : racisme et sexisme occidentaux

L'image de la fille-cauchemar n'est pas une vue de mon esprit. Ce n'est pas une coïncidence si toutes les femmes fuient désespérément un certain type de corps. Et même si certaines sont convaincues que leurs complexes viennent de leurs préférences individuelles, pas besoin de lire l'intégralité des œuvres de Bourdieu pour savoir que c'est plus compliqué que cela. En France, la question de l'héritage collectif des images et des représentations liées à la colonisation est controversée. Ces dernières années, de nombreuses figures publiques, de droite, ont accusé les militants et les chercheurs, hommes et femmes, de prétendre à la « repentance » ou à la « victimisation » (un terme qui, comme le souligne Mona Chollet, a souvent pour but d'empêcher toute critique). D'aucuns pensent qu'il vaut mieux taire le passé pour en faire disparaître les erreurs et les stigmates. Pourtant, si mes études d'histoire m'ont bien enseigné une chose, c'est qu'il est nécessaire d'interroger le passé pour comprendre la société dans laquelle nous vivons. C'est seulement à ce prix que l'on peut comprendre comment se forment les clichés, les mécanismes discriminants et les systèmes d'oppression et comment ils imprègnent nos imaginaires.

Aux États-Unis et au Royaume-Uni, il existe tout un pan des sciences sociales appelé les *fat studies*, qui étudient les mécanismes liés à la grossophobie. En France, alors que les *studies* sont vues en général d'un œil circonspect par le monde universitaire, des instituts comme le GROS[3] proposent des travaux autour de la question du poids, du surpoids et de sa perception dans la société.

Pour comprendre le développement de la grossophobie, la sociohistorienne Sabrina Strings propose une généalogie qui en fait remonter l'origine au XVIIe siècle. Elle montre comment la grossophobie s'est construite pour asseoir les empires naissants. Afin de justifier scientifiquement et intellectuellement leur supériorité, il fallait déshumaniser les corps de ceux que l'on allait réduire en esclavage. Le corps des femmes africaines, jugé volumineux, était perçu comme représentatif de leurs mœurs. Les « formes » étaient associées à une forme de langueur, de paresse, mais aussi de suractivité sexuelle.

L'un des exemples marquants est celui de Sarah Baartman, ou Swatche de son vrai nom, la « Vénus hottentot ». Cette esclave noire a été exposée et moquée à travers l'Europe dans des zoos humains. Les gens venaient l'observer, la contempler, et à travers son corps on construisait la figure de l'Autre, de l'étranger, de l'esclave. Sabrina Strings résume ainsi : « L'image des femmes noires, à la fois montrées comme "sauvages et barbares", véhiculée dans l'art, la philosophie et la science et comme "malades" dans la

3. Groupe de réflexion sur l'obésité et le surpoids composé de nutritionnistes, de sociologues et de psychologues.

médecine, a été instrumentalisée pour dégrader les femmes noires et discipliner les corps des femmes blanches. »

De la même manière, il a fallu construire et contrôler le corps des femmes européennes pour le distinguer de celui des « sauvages » noires.

La fille-cauchemar, la fille grosse et noire, comme instrument de discipline.

On fait mieux comme héritage empouvoirant !

Si les corsets physiques ne sont plus à la mode, l'idée étriquée est restée et est arrivée jusqu'à nous : pour incarner le rêve féminin, il faut toujours ne surtout pas déborder. Pour une fille grosse de 13 ans, c'est presque mission impossible.

Les gardiennes de l'assiette : grossophobie de mères en filles

Quand on voit comment ces idéologies ont infusé notre histoire, comment toutes ces idées ont façonné des contes transmis de femmes en femmes, il n'est pas étonnant de les retrouver au sein de nos familles.

La Femme qui voit de l'autre côté du miroir, le roman écrit par Daphnée Leportois et Catherine Grangeard, est l'une des rares œuvres de fiction francophone qui met au premier plan la vie d'une jeune fille grosse. L'héroïne, Lucie, est tannée par sa mère pour perdre du poids. Sa mère, en bonne gardienne de l'assiette, surveille son alimentation et lui rappelle sa condition de grosse. Nous sommes nombreuses parmi les personnes en surpoids à avoir connu une gardienne ou un gardien de l'assiette. Un geôlier, aux intentions louables, qui épie chacune de nos bouchées et nous fait remarquer que nous devrions cesser de nous empiffrer. Quelle personne grosse n'a jamais entendu, ce : « Tu ne vas quand même pas te resservir ? »

Ma mère est arrivée en France à la fin des années 1970. À l'époque, elle avait 9 ans et n'avait que de vagues souvenirs du Cameroun. Après plusieurs déménagements, ma grand-mère emménage dans une cité HLM du 93. En parallèle, convaincue par son entourage, elle fait en sorte de maintenir ma mère dans son lycée, qui se trouve dans le XIXe arrondissement de Paris.

À la fin des années 1980, le mot « body-positive » n'est pas au centre des débats, et encore moins dans les bouches des lycéennes qui se rejoignent aux Buttes-Chaumont.

Alors ma mère avale, elle avale les « contes du patriarcat », avec en ennemie principale, la vilaine fille-cauchemar.

Elle aussi, déclare la guerre à ce corps-ennemi qu'elle ne croise que dans la glace et certainement pas en une des magazines destinés aux jeunes filles. Un corps à la peau foncée avec des formes.

Il m'est toujours difficile de parler de grossophobie familiale, et je pense que je ne suis pas la seule. Par loyauté, sans doute, pour ma mère, cette femme superbe, majestueuse. Parler d'elle autrement que pour citer ses qualités me semble contre-nature. Cela va à l'encontre de mon amour, protecteur, pour elle, de mon éducation, qui m'a appris à respecter mes aînés. Cela va également à l'encontre de mes valeurs féministes. J'ai de plus en plus de mal à critiquer les femmes qui ont intériorisé les « contes du patriarcat » et qui les racontent à leur tour, car je sais qu'elles n'en sortent jamais gagnantes.

C'est pourtant essentiel, par respect pour la jeune fille de 14 ans que j'étais.

Grâce à ma mère, je n'ai jamais douté de la beauté et de la valeur des femmes noires. Mais à travers son regard, j'ai également appris à voir les femmes grosses comme moches. Elle aussi, comme la majorité des femmes qui m'entouraient, traquait le gras avec ardeur et sévérité. Une sévérité qu'elle infligeait à son propre corps, et par ricochet, au mien. À la lecture de ces mots, on pourrait céder à l'envie de critiquer ma mère. C'est d'ailleurs souvent ce qui arrive. On préfère accabler les femmes de tous les maux et épargner les pères. On blâme la mère qui a failli, la défaillante, ou celle qui est trop investie, la maman poule. La mère qu'on a vue faire des régimes à répétition et qui, apprenant à contrôler son propre corps, est devenue geôlière de ta prison naissante.

De nombreuses femmes expliquent que c'est *via* leur mère que l'apprentissage des mots de la grossophobie s'est fait. Un héritage empoisonné en somme, qui leur a fait beaucoup de mal. La colère est légitime, parce que ces blessures sont profondes, et qu'elles nous ont marquées. Néanmoins, je ne peux m'empêcher de penser que ces femmes ont dû, elles aussi, intérioriser l'idée selon laquelle pour s'intégrer dans la société, il fallait être mince. Malgré toute leur puissance, nos mères restent des femmes comme les autres. Elles aussi subissent les injonctions de la société. Elles aussi ont lu ces torchons qui leur promettaient des « corps de rêve ». Elles aussi ont appris qu'être féminine, c'était avant tout dompter son propre corps. Ne dit-on pas qu'il faut souffrir pour être belle ?

Elles aussi ont appris à haïr le gras et à le chasser. Elles aussi ont appris à se détester.

Les sanctuaires contre la grossophobie n'existent pas, car l'apprentissage de la grossophobie fait partie intégrante de l'apprentissage de la féminité. Le patriarcat dresse les femmes les unes contre les autres. Et dans le cas des mères, celles-ci nous lèguent leurs silences, leurs douleurs, les violences qu'elles ont subies.

Voracité féminine

Récemment, une mode des réseaux sociaux m'a fait hausser les sourcils. La mode des filles très minces (et très jolies) qui sont prises en photo en train de manger d'énormes burgers.

Une légende du style « c'est une fille comme ça que je veux » accompagne souvent la photo.

Dans ma quête de déterrer tous les contes que j'ai ingurgités pour haïr la fille-cauchemar, je me suis rendu compte à quel point le rapport à la nourriture était central.

Une femme qui bouffe trop, c'est mal. Parce qu'une femme vorace, ce n'est pas élégant ; au contraire, c'est une grosse en puissance, une grosse potentielle, et comme on l'a dit, c'est synonyme d'un péché fatal pour sa féminité.

Malheureusement, moi j'aime manger.

J'adore manger même.

Apparemment, ce n'est pas quelque chose que je faisais, enfant. Ma grand-mère m'a souvent raconté que, bébé, je mangeais peu et doucement, ce qui semblait, dans sa bouche, être une qualité.

Elle admirait mes petits pieds de danseuse, mes fines chevilles qui, selon elle, avaient toujours l'air de vouloir se casser. Je fais du 41-42 maintenant. Elle a toujours eu du mal à comprendre pourquoi j'avais pris tant de poids et me le faisais remarquer en me rappelant souvent que je devrais faire « un petit régime ». Plus je grandissais, plus le ton changeait : elle sentait que ses injonctions à maigrir pour incarner la « charmante jeune fille qui prend soin de soi » m'importaient guère, ou parfois m'attristaient, alors elle a remplacé peu à peu l'ordre direct par des allusions plus subtiles. De mon côté, j'acceptais de moins en moins de la rassurer. Je n'avais pas du tout envie de faire un régime.

Me priver d'un des rares plaisirs qui puisse exister sur cette planète ? Moi ?

Je suis convaincue que le régime est une des nombreuses formes de pénitence infligées aux femmes. « Souffre maintenant, prive-toi, et tu seras récompensée au paradis des minces ! » Très peu pour moi.

Tant pis, je continuerai à pécher. J'aime beaucoup trop découvrir de nouveaux plats, être surprise par les aliments, la texture, déguster, sentir le plaisir et le réconfort qui m'envahissent en mangeant un plat que j'apprécie, pour abandonner ces délices.

Pour moi, la nourriture, c'est la fête, les retrouvailles en famille, le partage, la générosité. Ce sont les déjeuners où le bruit des rires se mêle à l'odeur du plantain frit, des beignets, du ndolé. La cuisine est le lieu des confidences et du partage avec ma mère et ma grand-mère. La nourriture évoque des souvenirs d'enfance où l'on se retrouvait autour de tables où respirait l'abondance. Je ne pense pas être la seule à partager ces émotions. Fille d'immigrés camerounais, la nourriture a pour moi une signification supplémentaire : elle est l'un des rares liens qu'il me reste avec le pays de mes parents. La nourriture a le goût de l'histoire. Certains repas construisent des ponts entre ma grand-mère et moi. Ce sont des moments de bonheur ordinaire pour moi. Derrière la *chère*, ce sont les histoires de famine et de pauvreté, de privation et de souffrance racontées les dimanches après-midi. Un plat devient ainsi le symbole des efforts et des sacrifices qu'ont dû consentir mes parents pour nous permettre de grandir dans un cadre plus privilégié que celui qu'ils ont connu.

Et j'étais censée dire « non » à tout cela, renoncer à une partie de moi pour cesser d'être une « fille-cauchemar » ?

Pourtant, assumer d'aimer manger, lorsque l'on est une femme grosse est beaucoup plus compliqué que ça en a l'air. C'est même interdit. Cela revient à se tracer une cible sur le dos pour les blagues et les moqueries qui ne manqueront pas d'arriver. Combien de fois a-t-on résumé l'obésité des personnes à un amour immodéré, presque incontrôlable, de la nourriture ? C'est aussi ce qui est montré dans les séries. Dans les années 1990, l'une des blagues les plus récurrentes sur Monica, dans *Friends*, c'est de trop manger.

Alors même que la Monica de *Friends* est devenue mince, son passé de « grosse » est utilisé comme une menace qui planerait potentiellement sur elle si elle « bâfrait de nouveau ». Et même si la série a bientôt trente ans, je n'ai pas l'impression que les mentalités sur la peur de « devenir gros » aient changé.

Il m'est arrivé à de nombreuses reprises d'anticiper ces remarques désobligeantes. Parfois, j'ai refusé de me resservir, pas parce que je n'avais plus faim, mais parce que je voulais prouver quelque chose à ceux qui m'entouraient. « Non, je ne suis pas *cette grosse-là*. Non, je ne m'empiffre pas. Non, non, je n'ai pas faim, promis. » Quand on est gros, on n'a le droit qu'à une chose : s'excuser de manger trop.

Parfois, j'ai envie de crier mon amour de la nourriture. Une forme de résistance, microscopique, un peu ridicule. Dire que j'aime manger et que j'en ai le droit, c'est asseoir le fait que je suis comme les autres. C'est fou comme les choses les plus banales peuvent prendre de l'importance, en fonction du numéro inscrit sur l'étiquette de la robe. Cette déclaration, anodine dans la bouche d'une personne mince, je l'assume : j'associe la nourriture au plaisir, et j'ai le droit au plaisir.

Des pratiques alimentaires positionnées socialement

Selon Muriel Darmon, sociologue et chargée de recherche au CNRS, « le corps est véritablement travaillé par des pratiques alimentaires [...] qui ne sont pas neutres socialement[4] ». Notre rapport à la nourriture a des implications émotionnelles, affectives, psychologiques et sociales. Les aliments vus comme « gras », « riches » sont associés aux classes populaires et considérés comme mauvais pour la santé. Ils sont donc à bannir. Tout au long de son enquête sur l'anorexie, la chercheuse mentionne à quel point le rapport à la nourriture et à la sensation de « faim » est situé socialement. À travers l'expérience de ces jeunes filles anorexiques, il existe une « entreprise de modification des goûts » en fonction des trajectoires sociales de chacune. S'inspirant de la

4. Muriel Darmon, *Devenir anorexique : Une approche sociologique*, La Découverte, 2014.

théorie bourdieusienne, elle met en lumière comment certaines femmes peuvent, par exemple, arrêter de manger du pain au profit des crustacés pour accomplir une forme d'ascension sociale. Les frites, ça fait trop pauvre. Le gras, c'est prolo, dans nos assiettes comme sur nos corps.

Le bruit, l'odeur, le gras collent à la peau des filles-cauchemar comme une lettre écarlate. Et pendant longtemps, la seule option qui leur était proposée pour effacer ce stigmate était de faire un régime.

T'as qu'à arrêter de manger

J'ai entendu un nombre incalculable de fois que je devais perdre du poids et faire un régime. Je vais être claire, jamais cela ne m'a conduite à tenter un régime. En revanche, ces injonctions aux régimes ont accru la haine que j'éprouvais face à mon propre corps. Les régimes ont prospéré au cours des dernières décennies et ont renforcé notre rapport troublé à la nourriture. En culpabilisant nos ressentis, nos envies et parfois même nos besoins, ils nous conduisent à ignorer les signaux de notre corps.

Bien qu'à l'origine réservés aux personnes en surpoids, les régimes sont devenus l'un des piliers de nos vies, particulièrement chez les femmes. Pourtant, la plupart sont une arnaque ! En 2007, Traci Mann, professeure en psychologie à l'université de Los Angeles, sort une étude choc. Après avoir suivi plusieurs personnes grosses, elle a découvert que les régimes échouent dans 83 % des cas. Pire, les sujets avaient souvent repris plus de poids qu'ils n'en avaient perdu. Elle ajoute même que le fait d'avoir fait un régime est un des facteurs de prise de poids futur ;

c'est ce qu'on appelle l'effet « yo-yo », c'est-à-dire alterner entre des périodes de reprise et de perte de poids.

Depuis la fin des années 2010, le mot « régime » est devenu tabou. Alors que la vague féministe pose la question du *male gaze*[5] dans les œuvres culturelles, les messages qui enjoignent les femmes à se conformer au culte de la minceur pour être désirables mutent et doivent être bien plus subtils. Face à la montée des mouvements body-positive et aux nutritionnistes qui ont démontré l'inefficacité des régimes, les entreprises qui vendaient de la minceur ont dû innover. Après des heures et des mois de travail (et le soutien d'agences de communication et de marketing grassement payées), elles ont investi le champ lexical du bien-être à grands coups de cures détox et de retraites pour privilégiés. Il fallait bien conjuguer la nécessité de vendre du malaise rentable avec les nouveaux slogans prônant « l'amour de soi ».

Camouflés, renommés, les régimes aux noms évoquant *Big Brother* - c'est de toi dont je parle Weight Watchers ! -, bienvenues les cures de *flat tummy tea* et de détox.

Parfois, je me demande à quoi ressembleraient nos sociétés, notre rapport au corps si, collectivement, on nous donnait les outils pour agir avec bienveillance envers lui, qu'importe sa forme ou le nombre inscrit sur les étiquettes de nos tee-shirts. La tâche me paraît immense, mais je pense qu'il est temps d'aller plus loin et d'imaginer autre chose pour notre bien à toutes et tous : s'il y avait autant de publicité autour de la santé mentale et du soin que de « cures » visant à perdre 10 centimètres de tour de taille en un

5. *Male gaze* : expression qui désigne le fait que la culture visuelle dominante (magazines, photographie, cinéma, publicité, jeux vidéo, bandes dessinées, etc.) imposerait au public d'adopter une perspective d'homme hétérosexuel.

mois, nous n'en serions pas là. Imaginez la fortune de l'industrie du complexe réinvestie dans des infrastructures de soins, de la santé mentale, et du traitement des troubles du comportement alimentaire ?

Cela demande de l'ambition, de la volonté politique, et très franchement, une révolution.

Pourtant, celles et ceux qui viendront après nous méritent ça, et bien plus.

Mauvaise santé ou mauvaise foi ?

« Tout ça, c'est très bien, mais être gros, c'est être en mauvaise santé, non ? » me rétorqueront certains.

Je pourrais répondre qu'énormément de pratiques de perte de poids sont également dangereuses pour la santé. Que certains régimes fragilisent tout autant les personnes qui les suivent que le surpoids.

Je pourrais parler des troubles du comportement alimentaire que peuvent créer ce type d'injonctions.

Je pourrais aussi sortir de nombreux exemples de personnes grosses en excellente condition physique. Car oui, il y en a plein. Regardez Lizzo, qui fait des shows pendant des heures, chante et joue de la flûte traversière ! J'en connais peu, minces ou gros, célèbres ou pas, qui seraient capables de telles prouesses.

Mais ces réponses ne me satisfont pas. Pire, parfois, j'ai l'impression qu'elles tombent à côté de l'accusation originelle.

Désormais, lorsque j'entends la phrase « Mais être gros, c'est être en mauvaise santé, non ? » j'ai envie de répondre : « Et alors ? »

Ce serait mentir de dire que toutes les personnes grosses sont en bonne santé. Certaines le sont, d'autres souffrent de diabète ou ont des problèmes de cholestérol. Il m'arrive d'être essoufflée en arrivant sur le palier de mon appartement du quatrième étage. Il m'arrive même de faire des pauses en montant ! À quoi bon mentir ? Certains gros sont dans une forme olympique, d'autres non. Et c'est le cas pour les personnes minces également.

Est-ce que cela veut dire que, parce que certains sont en « mauvaise santé », ils méritent de souffrir ? J'ai parfois l'impression, en écoutant certains grossophobes, que « la mauvaise santé » dont ils parlent s'apparente plus à une « plaie » méritée qu'à une affliction qui mériterait compassion, bienveillance et respect.

Les personnes grosses et sportives, qui ont un excellent niveau de vie, qui mangent bio, vegan, et cinq fruits et légumes par jour, méritent d'être respectées. Celles et ceux qui mangent des chips, des Mc Do et qui fument, aussi.

Tout simplement parce que personne n'est parfait, et que cela ne veut pas dire, à mes yeux du moins, que l'on mérite une punition perpétuelle. Dans la société où la minceur est associée à une bonne hygiène de vie, être gros, et surtout grosse, relève de l'infamie, voire de la faute morale. C'est pour cela que les insultes et les humiliations infligées aux personnes grosses passent en général inaperçues. Daria Marx note même que la notion de « gros » est rentrée dans nos insultes courantes. Que celui qui n'a jamais traité quelqu'un de « gros c** » me jette la première pierre !

N'avez-vous jamais remarqué aussi, que, en présence d'une personne grosse, tout le monde devient (mauvais) médecin ou diététicien en un clin d'œil ? Moi, si.

J'ai beaucoup trop entendu que la question de l'obésité était une question de santé. Pour autant, pour tous les commentaires que j'ai reçus sur mon poids, je n'ai jamais reçu la proposition de financer un diététicien, ou un abonnement à la salle de sport !

C'est d'ailleurs un conseil que je donne à toutes les personnes qui subissent des commentaires sur leur poids : si on vous dit que vous êtes trop gros ou trop grosse, et que la personne prétend s'inquiéter pour votre santé, rétorquez-lui de vous payer une séance avec un coach sportif et des séances chez le psy. Beaucoup de gens y vont de leur commentaire en prétendant le faire « pour votre bien », mes coreligionnaires du gras, mais peu d'entre eux sont prêts à remplacer leurs mots par leur soutien financier, le seul qui compte réellement dans ce genre de discussion. Et s'ils ne sont pas prêts à sortir leur carte bleue et à vous envoyer un mail avec leur RIB attaché, qu'ils se taisent ! La réalité, c'est que cette préoccupation est hypocrite et de mauvaise foi. Car, dans l'espace public comme dans la sphère médiatique, la question de la santé mentale et des impacts de la grossophobie sur les comportements des personnes grosses est presque absente.

Concrètement, si c'était la santé des personnes grosses qui était au cœur de toutes ces interrogations, il faudrait prendre le sujet à bras-le-corps et dans sa globalité. Attaquons-nous aux problèmes de l'accès aux soins des personnes grosses, du suivi psychiatrique et psychologique, de l'accès aux ressources, de l'impact des discriminations sur leur mental et sur leur portefeuille.

Évidemment, c'est beaucoup plus compliqué que de plaquer des stéréotypes sur chacune des parcelles de gras du corps humain et sur les personnes grosses. La réalité, c'est que la plupart des gens se moquent comme de leur première chaussette de notre santé et que cette fausse sollicitude cache, mal, une volonté de mettre notre corps au pas.

Rentrer dans le rang

La grossophobie systémique place ceux qui la subissent dans une position sociale dégradée qui permet aux autres, ceux dont le corps incarne la normalité, de formuler des jugements, sans connaissance de l'histoire médicale et/ou psychologique des personnes concernées. La santé mentale des personnes grosses n'est que rarement abordée dans ces conversations sur la santé. Ceci s'explique par le fait que la honte de soi et les humiliations fréquentes sont des outils de contrôle social visant à faire rentrer ces corps « dans le rang ».

En février 2021, Jessamyn Stanley, professeure de yoga et activiste body-positive faisait la une de la couverture du *Cosmopolitan* UK, ce qui, en soi, est déjà exceptionnel. Jessamyn est une femme noire et grosse. Le sous-titre « *This is healthy!* » (C'est la santé !), en lettres colorées, montre que les choses bougent malgré tout. La fille-cauchemar se débat, de toutes ses forces. Des personnalités comme Lizzo, Stéphanie Zwicky, Gaëlle Prudencio ou Yseult, en France, montrent d'autres voies. Ce sont des figures importantes, qui font du bien, et qui doivent continuer d'exister dans l'espace public.

Mais je suis avide de plus, toujours plus. Elles sont trop peu nombreuses, la preuve : j'arrive à les compter sur les doigts d'une main. Si je fais un micro-trottoir, je ne suis pas sûre que la plupart des gens arriveraient à me citer cinq femmes grosses en politique, au théâtre ou au cinéma. De même, les problèmes de discriminations à l'embauche qui touchent toutes celles qui n'incarnent pas la norme sont encore bien trop présents.

Plus on s'éloigne de la norme, plus on s'éloigne de la lumière. Et on élève les petites filles dans cette peur panique de perdre la lumière.

On leur inculque la peur du gras, et à travers elle, celle de se laisser aller. On leur transmet la peur de l'excès. Devenir grosse, c'est risquer d'être remisée au placard, là où on jette les vilains jouets et les choses qu'il faut cacher. L'exposition des filles-cauchemars, l'acceptation de leurs mauvais traitements, leur humiliation servent à contrôler socialement la taille de toute la population. Nos corps, le mien, sont utilisés et publiquement dégradés pour effrayer et soumettre tous les autres.

La fille-cauchemar, la grosse, la « non-féminine », la « non petite-meuf » deviennent des pécheresses, qui méritent d'être humiliées socialement. Et toutes celles qui leur jettent la pierre construisent leur propre prison.

Nos corps deviennent le symbole du péché, et la seule façon d'accéder à la rédemption, c'est de s'offrir, toutes, corps et âme au culte de la Bonnasse.

Chapitre 2

Côté « Bonnasses »

La piscine

Comme chacun le sait, lorsque tu vis dans une ville plutôt résidentielle en région parisienne, que tu n'as pas des grands-parents qui vivent à la campagne et que tes parents ne veulent pas forcément retourner dans leurs pays d'origine, l'été, tu n'as pas beaucoup d'options. Soit tu as la chance de partir en colonie de vacances ou en résidence de location, soit tu restes chez toi et tu comptes les jours jusqu'à ce que tes amis reviennent un à un.

En attendant, il te reste une solution : la piscine municipale.

Durant mon enfance au Blanc-Mesnil, la piscine municipale grise, couverte et remplie, était délaissée. Tout le monde savait que la piscine où il fallait se rendre, c'était celle de la ville voisine, celle d'Aulnay-sous-Bois.

Ah, la piscine d'Aulnay-sous-Bois… une madeleine de Proust. Ornée d'immenses gradins en pierre en forme d'amphithéâtre, elle était dotée d'un toboggan, d'un immense bassin extérieur, d'une piscine olympique, et d'un solarium. La piscine d'Aulnay était *the place to be* de l'été 2004. Surtout pour ceux qui, comme moi, rentraient le 3 août de colonie ou de séjour en famille et à qui il restait encore tout un mois de vacances à épuiser.

Surtout quand un billet de piscine coûtait moins cher qu'un billet de train ou d'avion.

Ces étés-là, le rituel était bien rodé : nous nous concertions pendant des heures entre amies pour obtenir de haute lutte l'autorisation parentale et tromper la canicule en allant faire trempette. Nous choisissions ensemble nos meilleurs maillots. Lorsque miraculeusement, la phrase « Oui, mais je veux te voir à la maison à 18 heures tapantes ! » était prononcée, nos corps frissonnaient d'excitation à l'idée d'aller à la supérette du coin pour se préparer un pique-nique. Le but inavoué étant d'avoir le meilleur pique-nique, jauge enfantine de la coolitude. Et puis le soir, nous dormions à peine, rêvant déjà du lendemain après-midi où nous prendrions le bus toutes seules, remplissant l'habitacle de nos rires aigus, pour aller nous baigner – un moment bref de liberté.

À l'été de mes 14 ans, je fus de nouveau invitée à aller à la piscine municipale. Beaucoup de choses avaient changé. Cette fois-là, la piscine se trouvait à la Ferté-Gaucher, une petite bourgade située au fin fond de la zone 8 de la Seine-et-Marne où nous avions déménagé quelques mois auparavant. J'avais mis du temps à m'adapter à ce nouvel environnement, éloignée de toutes mes connaissances, de mes proches et de mes repères. J'avais tenté de reconstruire des liens amicaux, mais j'étais mal à l'aise dans mes amitiés et dans mon corps.

Ce déménagement, la puberté, et l'apparition d'un amour immodéré pour les chips avaient provoqué l'éclosion de fines lignes ondulées sur la surface de mon ventre.

J'étais déjà très consciente que mon corps n'était pas dans la norme. Fini les sessions chez Jennyfer. J'ai les cuisses, les bras, les fesses qui débordent, et tous ces débordements semblent rendre perplexes les designers des marques destinées aux adolescentes. D'ailleurs, lors de mes dernières visites, les vendeuses, désemparées face à la chair grasse, préfèrent m'orienter vers les accessoires. Très peu pour moi. Disons-le clairement : je sais que l'étiquette « grosse et moche » pend à mes lunettes aux verres épais. Alors, la piscine municipale n'est plus un espace de joies bruyantes mais de comparaisons.

Mes yeux sont gorgés d'images de corps que l'on me dit parfaits.

Le contrôle parental mis en place pour éviter que je passe mon temps devant l'écran est un échec. J'ai eu le temps d'observer en long, en large et en travers les corps des jeunes filles désignées comme belles.

Adieu frissons d'anticipation impatiente et fous rires, bonjour complexes, observation minutieuse de chacune de mes cuisses, maillot de bain une pièce et paréo protecteurs. Vergetures, cellulite, vergetures, cellulite. Mes poils ont commencé à pousser et avec eux la question ultime : « Suis-je toujours une femme si je suis aussi poilue ? »

Dans cette piscine municipale, il fallait passer par une longue bande d'herbe pour rejoindre le bassin, qui était uniquement en extérieur. Sur cette pelouse, les usagers de la piscine, majoritairement des adolescents, sont installés sur leur serviette. C'est aussi le meilleur endroit pour observer, mater, zieuter, scruter, j(a)uger.

Moi aussi, je me prête au jeu, j'observe les Bonnasses, ou celles qui tendent vers cet idéal. Plus les lignes fleurissaient sur mon ventre, plus ma détestation de cette pelouse et de celles et ceux qui s'y prélassaient augmentait.

De celles surtout qui semblaient ne pas avoir peur.

De celles qui avaient l'air si à l'aise dans leur maillot de bain deux pièces alors que moi je devais me contenter d'un maillot « grande taille » conçu pour des femmes qui devaient avoir l'âge de ma grand-mère.

J'étais jalouse de celles qui ne semblaient pas avoir peur. Jalouse de celles qui semblaient s'ébattre tranquillement dans la piscine. À l'envie, s'ajoutaient les reproches que je formulais contre mon propre corps. Pourquoi n'avais-je pas fait de sport cette année-là ? Pourquoi avais-je tant mangé de chips, de frites, de bonnes choses ?

Mon corps était responsable, coupable, il avait failli à incarner la Bonnasse. Je me recroquevillais sur ma pauvre serviette. J'étais jalouse et misérable.

Ma jalousie renforçait toutes les normes sociales que j'essayais de déconstruire. J'étais jalouse en secret et honteuse. Mais jalouse quand même. À l'époque, je n'avais pas de discours féministe, pas d'armada de textes qui auraient pu me protéger. L'envie des autres et la haine de mon propre corps étaient mes seules compagnes.

Après une heure passée sur cette pelouse, j'avais préféré fuir. À quoi bon rester, si c'était pour me comporter comme la dernière des rageuses ? En plus de me sentir mal dans mon corps, je me sentais coupable de ressentir ce que je ressentais.

J'étais convaincue que cette piscine faisait ressortir tout ce qu'il y avait de plus laid en moi. Il valait mieux disparaître.

Envieuse ? Comprendre la jalousie

Natalie Wynn, alias ContraPoints, célèbre youtubeuse féministe et transgenre, a publié en août 2021 une vidéo sur la jalousie et l'envie. En mêlant des références à Bob l'éponge, à Aristote et au film *Black Swan*, elle balaie le vaste sujet de l'envie comme sentiment personnel, mais également comme mécanisme social. Elle parle notamment de son expérience de jeune femme jalousée par d'autres et de celles qui aimeraient être à sa place.

Je ne vais pas mentir : en regardant cette femme superbe, je me suis quand même dit « Qu'est-ce qu'une femme qui est belle, célèbre et riche va m'apprendre sur la jalousie et l'envie ? » Mais j'en ai finalement retenu quelque chose d'intéressant : d'après Natalie Wynn, l'expérience de la jalousie et de l'envie, c'est l'expérience de la déshumanisation de soi et des autres. L'objet de nos désirs n'est plus une personne, et la jalouse, l'envieuse, n'est plus une personne. Nos corps sont résumés à des manques. Et la personne que nous jalousons représente tout ce dont on pense manquer.

Lorsque j'ai écrit ces lignes, à l'été 2021, il ne faisait pas très beau, et je ne suis pas retournée à la piscine. À la place, j'ai lu des articles de *Marie Claire*. L'un d'eux en particulier, sur la jalousie mère-fille, expliquait que cette concurrence se construisait notamment lorsque la fille grandit et que, dans le même temps, la mère vieillit. L'expérience de voir ladite fille, souvent conventionnellement jolie, accéder à un capital que l'on se sent perdre, le regard masculin, peut être extrêmement violente, surtout lorsqu'on a fait reposer tout ou partie de son estime de soi sur la beauté. Pourtant, rares sont les magazines qui relient ces situations au climat de compétition construit par le patriarcat (et pire, nombre de ces magazines contribuent à ce climat). La vérité, c'est que dans ce contexte, l'enfer c'est les autres et en l'occurrence, les autres femmes. Celles qui vont nous faire remarquer que l'on est trop grosse, celles en comparaison desquelles on n'est pas assez bien. L'image des autres femmes que l'on juge plus belles nous renvoie à ce sentiment de manque.

De nombreuses études le montrent : les hommes continuent à gagner plus d'argent que les femmes. L'accaparement des ressources par les hommes, dans le contexte du système patriarcal et sexiste dans lequel nous vivons, conduit un certain nombre de femmes à construire ou à entretenir des relations de concurrence qui permettent difficilement la sororité. Dans ce contexte, pour celles qui sont le plus proche des normes de beauté occidentales, (mince, jeune, si possible blanche, suffisamment riche), chercher à être « choisie » est quelque chose qui peut paraître plus « facile ». Il est bien moins évident de questionner la lumière, sa dureté et sa violence quand on pense pouvoir « s'en sortir » dans le cadre fixé. Surtout quand on nous renvoie systématiquement que finalement, notre physique est notre seule ressource disponible. Ainsi, insidieusement, les autres femmes deviennent des concurrentes, voire des adversaires.

En écoutant *Qui est Miss Paddle ?*, le podcast de la journaliste Judith Duportail, qui y confesse son obsession pour une jeune femme qu'elle suit sur Instagram, je me suis dit que j'allais suivre son exemple et à mon tour admettre ce sentiment qui m'envahit parfois face aux corps des autres femmes. Je me suis sentie si soulagée, moins seule, en l'entendant. Je me suis sentie solidaire. Et la solidarité, c'est féministe, n'est-ce pas ?

Au cours des épisodes, elle avoue comment, en observant une image sur les réseaux sociaux, elle est en colère. Elle insulte cette femme, qu'elle voit comme provocante, trop sexuelle… trop belle, en fait. Elle confesse, en toute honnêteté, comment elle a projeté sa colère, sa rage, et ses insécurités sur cette femme qu'elle ne connaît pas. Je suis familière de ce malaise. Familière parce qu'il m'est arrivé plusieurs fois de discuter avec des féministes qui sont en proie à ces contradictions. Je me suis moi-même reproché plus d'une fois de ne pas être raccord avec mes propres idées, parce que je ne portais pas tout le temps d'afro, parce que je me trouvais plus jolie avec les cheveux qui tombent dans mon dos notamment.

Quand on se reconnaît dans l'afroféminisme et qu'on se sent fermement attachée aux principes d'égalité et de justice sociale, il est souvent difficile d'avouer qu'on ressent ces sentiments. C'est humain d'être jalouse, mais ce n'est pas très « sororité compatible » de dire qu'on ressent de la jalousie. On n'a jamais envie de révéler des sentiments peu charitables.

J'ai passé toute mon adolescence à ressentir ces sentiments, parfois violents, à les combattre, à les refouler. Bon, ne nous mentons pas. Je peux les ressentir encore. J'ai également passé une partie de ma vie de femme à me sentir coupable d'être jalouse. À me dire qu'au lieu d'être jalouse, je devais me bouger le cul, qu'il ne tenait qu'à moi de rejoindre le camp des gagnantes, le camp des Bonnasses. Celles qu'on jalouse finalement.

Parce que j'avais appris à détester mon corps, parce que j'avais intégré les discours qui considéraient que j'étais dans la case des « filles-cauchemar », j'ai passé mon temps à me battre contre cette intense jalousie que je projetais sur des corps qui me semblaient incarner la norme. Et puis j'ai passé une partie de ma vie d'afroféministe à me sentir coupable de continuer à ressentir cette honte, comme si cela ne dépendait que de moi. Pourtant, je devrais savoir qu'en France, comme dans de nombreux pays occidentaux, au début du XXIe siècle, l'idéal de beauté est une jeune femme, mince et blanche, aux cheveux qui tombent sur les épaules, et que cet idéal est tellement bien implanté dans les esprits qu'il n'est que rarement questionné.

L'idéal-prison

Toutes celles qui vivent dans un pays occidental ne peuvent échapper au rappel de cet idéal-prison, dès leur plus jeune âge. Cet idéal est construit et maintenu à travers des images, souvent retouchées, de femmes-modèles devenant prison. À travers la télévision, les magazines, les séries télévisées, où celles qui représentent « la femme idéale » se ressemblent toutes. Celle qui gagne. Celle qui a toujours l'air souriante.

La « femme idéale » est fine, ses jambes sont longues mais elle n'est pas imposante. Elle ondule, elle n'a pas de front luisant, elle n'a pas de rides, elle n'est jamais fatiguée, elle est ambitieuse, mais pas intimidante. Elle n'a jamais de collant filé, elle trouve des maillots de bain à sa taille partout. Elle n'a pas de cellulite, elle n'a pas les cuisses qui collent et qui brûlent, elle n'a jamais d'accident de règles, jamais de pores visibles, jamais de cernes, elle n'est pas en dépression, elle ne s'est jamais fait larguer, elle n'est pas du tout pauvre, elle est valide, elle a éternellement 23 ans, elle est parfaite, mais, évidemment, au naturel. La femme idéale, celle à laquelle on doit toutes essayer de ressembler, n'existe pas.

Même celle que vous adorez détester.

Et la plupart d'entre nous le savent au fond d'elles, qu'elle n'existe pas. Pourtant, nous continuons d'avaler cette propagande. La Bonnasse peuple nos esprits, elle est présente quand on monte sur une balance. Elle est là quand on fait glisser nos doigts inlassablement sur Instagram. Elle est là quand on zappe par habitude sur nos écrans télé. Elle est dans nos miroirs, quand on traque chacun de nos défauts.

Cette chimère, imprimée dans nos rétines depuis l'enfance, nous empêche de voir nos corps comme ils sont. À la place, elle nous force à jouer au jeu des différences, et à la fin, nous voilà en train de nous détester, nous, et toutes les femmes qui ne lui ressemblent pas. C'est toujours l'autre, la Bonnasse, rarement soi.

Elle est dans ta tête et dans la mienne aussi.

Marion, sa mère, ma mère et moi, avons toutes intégré cet idéal de perfection féminine, qui continue de nous poursuivre.

Combien de fois ai-je eu des conversations avec mes amies, toutes mes amies, sur les complexes qui nous empoisonnent la vie ? Mon amie Emma faisait une obsession sur la peau d'orange et la cellulite. Et nous avions beau apprendre que 98 % des femmes ont de la cellulite, que c'est normal, et lire une newsletter des Glorieuses expliquant que c'est un complexe fabriqué de toute pièce dans l'entre-deux-guerres, rien n'y faisait. J'aurais pu lui parler en araméen, ça aurait eu le même effet. J'insistais, je lui répétais qu'à mes yeux, elle symbolisait la Bonnasse, rien n'y faisait. Elle me regardait avec ce petit sourire amusé. Cause toujours. Elle était obsédée par ce phénomène, presque invisible à l'œil nu. À l'arrivée du printemps, elle partait en guerre. Il fallait qu'elle se dote des armes les plus sophistiquées, pour détruire son ennemi. La cellulite. Pour ce faire, elle achetait des crèmes qui lui promettaient d'en venir à bout. Elle n'était pas seule dans cette lutte contre le gras, surfant à l'arrivée du printemps, pour récupérer ses armes de guerre. Elle se faisait des bleus à force de malaxer son corps. Lorsqu'elle se tenait devant le miroir, et qu'elle triturait le moindre recoin de sa cellulite, elle n'était pas seule, hantée par l'image de la Bonnasse.

Nous sommes nombreuses à avoir ces comparaisons dans la tête. Et il devient très difficile de pouvoir y résister. Parce que de fait, il devient impossible de penser qu'on peut être épanouie, avoir une vie sociale, une vie professionnelle et amoureuse pleine et riche, si on n'appartient pas à la catégorie des gagnantes. Et dans ce contexte, il est très facile de construire et de s'enrichir sur nos peurs.

Quand je réfléchis à tout le temps et l'argent que j'ai investi en voulant courir après la catégorie « Bonnasse », j'ai le vertige. Je ne me blâme pas d'avoir envie d'être « jolie », loin de là. Bien que, alors même que cette envie est poussée par toute la société autour de nous, il arrive encore d'entendre que c'est « vain ».

Je ne blâme pas celles qui veulent être jolies, quoi que cela veuille dire pour elles. Mais il m'est difficile de ne pas voir sur quoi repose cette envie. Ce sentiment est savamment construit et orchestré pour nous faire craquer : céder, acheter, tout de suite, tout le temps. Acheter, acheter à tout prix pour combler ce manque. Pour vouloir nous rapprocher de cet idéal, qui par essence est à des kilomètres de la réalité. Parfois en s'excusant même, d'être à des années-lumière d'être la Bonnasse. Pour essayer de contrôler, discipliner, maîtriser notre corps. Pour essayer d'être plus compétitives, meilleures dans cette course contre la montre.

On ne le dira jamais assez : sur le dos de nos complexes reposent des industries entières. Nos complexes valent des fortunes. On se moque constamment des stars de la téléréalité qui vendent des thés minceur à des prix exorbitants à des *followers* que l'on pense crédules. Mais qui parmi nous n'a jamais cédé à l'envie d'acheter une crème, un vêtement, un produit, une pilule qui promettait la beauté éternelle ? Comme si, en plus de devoir atteindre un idéal impossible, il était inenvisageable de prendre des routes parallèles. Parce que les femmes doivent souffrir pour être belles, elles n'ont pas le droit de tricher, de prendre des codes comme dans les Sims. Il ne manquerait plus qu'elles veuillent se faciliter la vie !

Dans le clip *Pretty Hurts*, Beyoncé, superstar américaine considérée par de nombreuses personnes comme la « Bonnasse » en puissance, explique son propre rapport douloureux à cette image. Alors qu'elle-même est censée être admirée et détestée parce qu'elle incarne « l'une des femmes les plus sexy du monde », j'entends ce qu'elle dit. Je l'entends, alors que je meurs d'envie de lever les yeux au ciel, parce que je suis grosse et qu'elle est Beyoncé. Après tout, quand on incarne l'opposé des codes de beauté en vigueur, on n'a pas envie de pleurer sur une femme qui incarne et représente lesdits codes. En plus, je vois comment son discours autour des privations qu'elle fait subir à son corps est applaudi et est respecté. Mais quand je vois comment, malgré tout, certains journaux people dissertent sans cesse sur son ventre (alors qu'elle est mère de trois enfants, et quand bien même ce ne serait pas le cas, son corps a le droit de changer), je me dis que, même elles, ne s'en sortent pas. Elles aussi, les

Bonnasses, Beyoncé, Rihanna, et toutes celles que j'enviais et détestais secrètement, sont soumises aux mêmes diktats. Elles aussi, leur corps est constamment scruté, jaugé, examiné, plaqué tout contre l'exigence d'une perfection absolument inatteignable. Ainsi, bien qu'elles en profitent, bien qu'elles tirent avantage de tout le travail fourni pour incarner la Bonnasse, elles ne sont pas en contrôle non plus.

Solidarité de détestation

Parfois, dans certains instants bénis, alors même que je n'avais pas connaissance de ce qu'était le body-positive, je le savais : je n'avais pas honte de mon corps. Pourtant, dans chacune des interactions sociales, il me semblait que la honte était ce qui était attendu de moi. Il fallait que je mette en scène mon allégeance à la sainte Bonnasse à chaque instant. Il fallait que je me cache. Il fallait avoir honte de mon ventre bien trop proéminent, de mes bras qui pendouillent, du gras de mon dos et de mes vergetures. Il fallait que j'aie honte de ne pas ressembler à Bonnasse, cette chimère qui n'existe pas. Mes instants de rébellion n'étaient, il faut l'avouer, que très fugaces.

La réalité, c'est que j'ai eu à de nombreuses reprises l'impression qu'une forme de « solidarité » se construisait dans la détestation collective de nos corps. Cette solidarité n'était pas consciente, évidemment. Mais il est difficile de ne pas remarquer à quel point il est beaucoup plus attendu d'une femme qu'elle soit « modeste » et qu'elle ne soit pas trop sûre d'elle. Avez-vous déjà eu le réflexe de dire « M'en parle pas, moi aussi ! » quand une amie ou une collègue vous dit qu'elle fait attention à sa ligne. J'ai comme l'intuition qu'il serait beaucoup moins bien perçu qu'une femme clame le fait qu'elle n'a pas envie de changer son corps, que si une femme répondait « Ah bon ? Mais pour quoi faire ? » ou même « Alors moi, je me fiche de ma ligne ! » ou pire « Je me trouve magnifique », un malaise s'installerait.

Nous nous sommes habituées à entendre les insécurités des femmes jaillir dans leurs groupes d'amies. Parce que la norme, c'est de constamment vouloir changer son corps et d'être insatisfaite de son propre corps. Et c'est vrai que je n'osais pas souvent le dire, par peur de rompre ces codes. Souvent même, je répondais : « Moi aussi, je devrais faire attention ! » Alors que c'était faux. Ce satané besoin de me taire et de me découper en morceaux pour rentrer dans un cadre prédéfini continue à me suivre, malgré tout.

Pretty privilege, un choix rationnel

Les femmes, de tous les âges, continuent à faire des régimes, à se décolorer la peau, à se défriser les cheveux, à s'arracher les poils, à se ventouser la cellulite, à se casser et à se refaire le nez, à s'injecter du botox, à s'écorcher la peau. Pas par masochisme, mais parce que ces actes marquent un pas de plus vers la norme. Bien souvent, on attribue ces gestes à une faiblesse personnelle (notamment dans le cadre de la décoloration de la peau par exemple ou même de l'anorexie) et ce n'est bien souvent que chez les intellectuelles et activistes féministes que ces gestes sont vus comme des mécanismes collectifs de soumission à la norme. Patriarcale, la norme. Vouloir être belle, un désir souvent associé à la frivolité et à la vanité, n'est qu'un choix rationnel dans une société patriarcale qui valorise la beauté.

De nombreuses études ont démontré que lorsqu'on est beau ou belle, on a plus de chances d'avoir des interactions positives avec les autres, notamment des inconnus. Jean-François Amadieu, sociologue et pourfendeur des discriminations à l'embauche, expliquait dans un article publié en 2016 dans *Le Figaro*[6] qu'un visage plus beau que la moyenne vaudra 8 % de rémunération en plus en moyenne. De la même manière, quelqu'un de conventionnellement beau aura plus de chances de trouver un appartement ou un boulot. Dans un article pour la revue *i-D*[7], la journaliste et essayiste Alice Pfeiffer mentionne la question du « *pretty privilege* comme capital culturel », pour parler des avantages que les personnes ressemblant le plus à sainte Bonnasse peuvent obtenir. Le *pretty privilege* est une notion qui a envahi les réseaux sociaux et certains cercles féministes et que l'on pourrait traduire par « le privilège de la beauté ». Ce privilège serait défini comme un ensemble de biens auxquels auraient accès les femmes considérées comme étant les plus belles de ce monde.

Le système hiérarchique de la beauté, et de la fille belle, n'est pas juste une question de codes de beauté qu'on intègre, et de complexes. La beauté est un système qui organise la question de la répartition des ressources financières, sociales et matérielles. Non seulement devenir belle est facilité factuellement par l'accès aux ressources, mais le message qui est envoyé en montrant toujours le même type de personnes comme incarnations de la beauté est que seule celle qui est vue comme conventionnellement « belle » peut être celle qui a du succès, celle qui est intégrée à la société et à la norme. C'est celle qui est désirée et aimée dans

6. Sylvia Di Pasquale, « Un beau visage rapporte 8 % de salaire en plus », *Le Figaro*, 24/10/2016.

7. Alice Pfeiffer, « *Qu'est-ce que le "pretty privilege" ?* », i-D, 15/10/2020.

les films. C'est celle qui est entourée de plein d'amis et qui a une vie sociale trépidante. Et qui n'aimerait pas être cette femme ?

Alice Pfeiffer ne dit pas autre chose. Elle explique même dans son premier essai que la minceur, et notamment la minceur parisienne, est la preuve d'un bien-être et d'un bien-paraître inaliénables, l'exhibition d'un capital réussite, « le reflet d'une vie comme il faut[8] ».

La notion de *pretty privilege* permet d'expliciter ce qui est si attirant dans ce modèle pour les femmes qui veulent le plus ressembler à la Bonnasse. Celles-ci n'ont pas seulement peur de la marginalisation des femmes qui sont cataloguées comme « moches ». Elles ont également intégré le fait que celles qui sont belles auront accès à plus de choses. Elles ont intégré que la beauté est une ressource dont elles peuvent se servir. Le bénéfice le plus évident, ce que vendent souvent, de manière plus ou moins assumée, les magazines remplis de publicité qui participent au maintien d'une beauté normée est le suivant : si tu es belle et mince, tu peux trouver un homme (ce qui comme chacun sait est le seul objectif des femmes). Attention cependant à ne pas se « laisser aller » sinon, ton homme te trompera ! Parfois, l'injonction à la minceur est cachée derrière un discours de développement personnel. Ainsi, la promesse se transforme en « devenir la meilleure version de nous-même », et cette meilleure version est toujours incarnée par un corps mince et svelte. Mincir devient synonyme d'épanouissement personnel.

Et puis, il y a les choses qui sont les plus normalisées et les moins interrogées. Si tu deviens belle, tu crois que tu seras protégée du harcèlement de celles qui ont été qualifiées de « moches ».

8. Alice Pfeiffer, *Je ne suis pas Parisienne*, Stock, 2019.

Combien de femmes grosses ont subi moqueries et humiliations à cause de leur surpoids ? Si tu es dans la norme de ce qui est considéré comme beau, tu trouveras plus facilement ta taille dans les magasins, donc tu auras moins de risques de devoir consacrer plus de ressources (de temps, et souvent d'argent) à t'habiller, tu seras mieux payée. D'autres choses de l'ordre de l'anecdotique : tu auras plus facilement accès aux lieux de joie et de plaisir. Ces lieux sont souvent faits pour les femmes valides, blanches, jeunes et minces.

Le profil des rares femmes que l'on met en valeur pour leur carrière, dans les magazines en ligne ou papier qui s'intéressent à la question de l'*empowerment* féminin, les femmes qui réussissent, les « *30 under 30* » sont des profils qui répondent à des normes physiques se rapprochant de la figure de la Bonnasse. Comme si les success-stories étaient l'apanage des femmes rentrant dans les codes.

Le message qui est renvoyé est clair : quand on « réussit », on est en général mince (et blanche et valide et jeune). Cette homogénéité renforce l'idée que pour « réussir », en étant une femme, il faut quand même être conventionnellement jolie. Comme si l'émancipation des femmes, du moins celle qui ne remet pas en cause les critères d'évaluation de la réussite, la répartition des richesses et plus généralement le capitalisme, ne pouvait exister qu'à travers des corps normés, qualifiés pour la pub. Ce n'est pas qu'une question de représentativité. Dans le « meilleur des cas », celui vanté par les cours d'« *empowerment* », la Bonnasse atteint les conseils d'administration des grands groupes. Et c'est cette fameuse « Bonnasse » qui doit devenir la tête de proue de « l'émancipation féminine ».

Beauté sacrificielle

Disons-le une bonne fois pour toutes : la Bonnasse n'est pas censée être belle, sexy, mince et blanche pour elle-même. Elle est censée l'être car elle doit être donnée en offrande au regard masculin. Sainte Bonnasse, jusque très récemment, n'a d'utilité que si elle peut être consommée par ceux qui sont au pouvoir. Sainte Bonnasse ne peut exister que dans un monde où les ressources sont inégalement réparties.

Pour être claire, malgré tout ce qu'on met sous l'étiquette « *pretty privilege* », il faut se rendre à l'évidence. Les femmes belles également sont constamment déconsidérées, à la fois par certaines autres femmes, écœurées d'un système qui les enjoint à leur ressembler, et surtout par les hommes. Parce que les femmes qui ont l'air d'avoir conscience de leur valeur seront constamment critiquées et humiliées dans un système patriarcal.

Et cette réalité est partagée par l'ensemble des femmes jugées comme belles, qui sont visibles dans l'espace public (physique ou médiatique). Alors même que l'on sait que le monde du travail est extrêmement discriminant envers les femmes qui ne sont pas dans les codes de beauté, et encore plus envers les femmes non blanches, ou les femmes qui ont un handicap, il existe en regard ce mythe sexiste bien connu de la « promotion canapé ». Quant aux travailleuses du sexe, qui veulent tirer atout de leur corps pour accéder à des richesses, elles sont moralement et souvent financièrement mises au ban de la société.

La persistance de ce genre de jugements de valeur montre bien la manière dont les mécanismes sexistes poursuivent les femmes, y compris celles vues comme conventionnellement belles. En regard, étude après étude, il est montré que de nombreux hommes tirent avantage de leur masculinité, indirectement à cause de la discrimination sexiste en entreprise, ou même directement, à travers leur participation à des réseaux informels type « *boys club* », interdits aux femmes ! Comme si la discrimination sexiste n'était pas, finalement, un avantage intrinsèque donné aux hommes, déconnecté de leurs capacités réelles et reposant sur des stéréotypes qui les servent.

La Bonnasse n'échappe pas au sexisme le plus violent, aux violences genrées quelles qu'elles soient, ni aux commentaires sur son corps. Celles qu'on met sur un piédestal du fait de leur silhouette sont épiées, traquées.

On peut facilement observer comment sont traitées les influenceuses très exposées, régulièrement soumises au cyberharcèlement. C'est leur chair que l'on étudie, où l'on guette la moindre trace d'imperfection, qui souligne leur humanité, pour ensuite les humilier dans des magazines people ou sur les réseaux sociaux. Qui n'a jamais cédé à l'envie de sortir toute cette violence infligée à nos corps, à nos psychés, pour se moquer d'une star (souvent une femme d'ailleurs) déshumanisée dans un journal ? Ce sont elles, aussi, qui sont constamment décrites comme des personnes manquant de profondeur.

Comme si quelque part, on voulait rassurer tous les participants au patriarcat : on vous donne un modèle impossible à imiter comme objectif à atteindre, on écrase toutes les autres, et ensuite, on vous donne celles qui sont censées être les Bonnasses, celles qui gagnent, en pâture.

Dans son article publié sur le magazine culturel américain *The Cut*, « Buying Myself Back », la mannequin et influenceuse Emily Ratajkowski explique à quel point les hommes qui ont traversé son existence se sont servis de son image, et ont voulu se servir d'elle, utiliser son physique et ses atouts, y compris en l'agressant sexuellement. Elle a dû passer par de nombreux tracas pour récupérer des clichés d'elles, volés par des hommes qui considéraient que son image ne lui appartenait plus. Malgré les gains certains de celles qu'on considère comme « belles », elles ne se retrouvent presque jamais à la table des décisions. À quoi ressemblent ceux qui sont à la tête des plus grands journaux de mode, des studios de télévision, des boîtes de communication, des entreprises de cosmétiques qui façonnent celles qui seront les prochaines « Bonnasses » ? Quels sont les profils des programmateurs et autres concepteurs d'algorithmes qui façonnent nos fils d'actu ?

À quoi ressemblent ceux qui définissent ce qu'est la Bonnasse, et plus encore le bon goût et la beauté ?

Rétrécissements médiatisés

Tous les six à huit mois, une star de cinéma ou une chanteuse connue perd énormément de poids, et cette perte est extrêmement médiatisée. Vous noterez que ces histoires ont constamment pour héroïnes des femmes. La dernière en date, c'était Adele. Sa perte de poids a suscité de nombreux commentaires, positifs comme négatifs. Autour de moi, je peux constater différentes réactions. Il y a les gens qui applaudissent, apprécient de voir son corps rentrer dans la norme de ce qu'on considère être beau. Et puis il y a eu ceux, et notamment celles, qui se sentent trahis. Ces personnes-là, souvent grosses, se sentent délaissées par une figure qui était grosse et positive (ce qui reste, encore aujourd'hui, assez rare). J'en ai fait partie, je l'avoue. L'histoire se répète, je vois une femme, je m'attache à elle, à son histoire, à sa difficulté à exister en tant que femme grosse dans l'industrie du showbiz, à la manière dont elle se bat, et je la mets sur un piédestal. Alors, quand elle change de voie, mincit pour x raison, je suis profondément déçue.

Quelque part, je lui en veux d'avoir craqué, d'avoir cédé au mythe de la Bonnasse, de la minceur. J'aurais aimé qu'elle résiste plus longtemps. Qu'elle continue à me montrer que c'est possible de réussir sans être mince, sans s'éclaircir la peau, sans porter de perruque... (rajouter vos propres complexes).

La réalité, c'est que j'en veux à la mauvaise personne. Je suis déçue, je me sens abandonnée par une femme qui, honnêtement, ne me doit rien, alors même que je lis dans des interviews à quel point être grosse est compliqué dans le monde du divertissement. Ce n'est pas elle qui me pose problème, mais ce monde en général.

Tous les jours, je lis des commentaires qui critiquent les faux ongles longs, les perruques et l'usage de la chirurgie esthétique. Ces derniers temps, le *brazilian butt lift*, un type de chirurgie esthétique, suscite énormément de discussions. Toutes ces polémiques sont légitimes, mais la racine du problème, c'est la manière dont on utilise la beauté pour hiérarchiser les femmes. Honnêtement, rien ne m'énerve plus que lire des commentaires qui blâment, se moquent et humilient les femmes qui font de la chirurgie esthétique, qui s'éclaircissent la peau, voire qui s'épilent. Dans un monde dominé par le culte de la Bonnasse, certaines font ce qu'elles peuvent pour survivre. Quitte à ce que ces moyens de survie écrasent les autres. Certaines d'entre nous, les plus proches de la norme, peuvent vouloir choisir de remettre une pièce dans la machine, parce que la promesse, même fausse, reste tellement séduisante. Parce que la grossophobie, le sexisme, le racisme et le validisme ont rendu l'idée de solidarité avec les filles-cauchemars compliquée à imaginer et à penser, c'est évident. Mais ne l'oublions pas : sous le patriarcat, aucune femme, si belle qu'elle soit, n'est à l'abri. Aucune mère, ni sœur, ni cousine, ni copine ne peut être en sécurité, malgré toutes les parades qui peuvent exister.

Il est illusoire de demander à une femme à titre individuel de se défaire de ce mythe-prison de la Bonnasse. Même pour celles qui ont toute la bonne volonté du monde, défaire des années de matraquage social et familial me paraît très compliqué. En revanche, interroger collectivement les ravages que causent les contes du patriarcat sur les filles et les femmes est impératif.

Si l'on pouvait desserrer cette camisole dans laquelle nous sommes engoncées, nous aurions plus de place pour respirer. Car le culte de la Bonnasse, ce n'est pas que des sorties piscine gâchées. Ce sont potentiellement des troubles du comportement alimentaire, une estime de soi détruite, des épisodes anxieux et dépressifs, et plus largement, une société plus violente et plus inégalitaire.

Et qui veut continuer à vivre comme ça, dans une prison, oscillant entre inconfort, honte et rage ? Très peu pour moi. Je préfère tenter l'évasion.

Chapitre 3

Validée ?

L'approbation masculine au cœur de la construction féminine

« Et toi, qui est-ce que tu trouves beau, Kiyémis ? me demande un jour Marion dans la cour de récré.

– Beau ? »

Nous sommes en fin de CM2, la notion de ce que je peux trouver « beau » est encore assez floue pour moi. Pour tout avouer, je suis encore au stade où je sors de la pièce quand je vois une scène romantique entre un homme et une femme. Avant 10 ou 11 ans, les garçons, ce sont les amis de mon frère jumeau, ce sont les frères de mes copines... Les garçons, ça joue à la balle. Ça prend toute la place, ça court partout, ça joue aux billes et, à vrai dire, cela ne m'intéresse pas des masses.

Je ne peux m'empêcher de remarquer que le sujet des conversations de mes amies est récemment passé de « Est-ce que tu parles toujours à Juliette ? » à « Dis, Kiyémis, c'est qui le copain de ton frère, tu le connais ? » ou « Alors, c'est qui ton amoureux ? ».

Chaque arrivée d'un nouveau garçon dans la classe suscite des conversations intenses dans la cour de récré de l'école primaire Jules Ferry. La question de l'amoureux, elle, revient régulièrement sur la table. À chaque fois, les mêmes questions sont posées : « À quel âge vais-je me marier ? », « Combien aurai-je d'enfants ? », « Est-ce que mon mari sera riche ? » Pour y répondre, le bruit des feuilles qu'on arrache pour créer des cocottes en papier, - boules de cristal pour filles en primaire - résonne dans toutes les salles d'étude.

Moi, je n'ai pas d'amoureux et je ne n'en ai jamais eu. De toute façon, je ne suis pas convaincue que mes parents apprécieraient.

Mais, à 11 ans et demi, rien n'est plus agaçant que d'être exclue des conversations de filles, alors, moi aussi, je commence à me pencher sur la question.

« Oui, beau, Kiyémis, voyons. Tu sais, un que tu trouverais assez beau pour être ton amoureux, quoi ! Moi, c'est le nouveau en classe que je trouve très mignon, et la dernière fois, il m'a touchée quand on a joué à chat ! »

Le jeu du chat était l'un des rares moments où les filles et les garçons jouaient ensemble. Dans le milieu des années 1990, les codes de genre restaient omniprésents, y compris dans les cours de récré. Aux garçons, l'immensité de la cour de récré, les courses effrénées, les jeux de ballon. Nous autres, filles, étions cantonnées aux coins pour jouer à l'élastique, à la corde à sauter ou pour discuter tout simplement. Comme une survivance des écoles non mixtes. Le jeu du chat était ainsi l'une des rares occasions où nous traversions l'immense cour de récré. Partant du préau, situé sur l'un des côtés de l'immense cour de récré, les filles devaient rejoindre le grand arbre, situé tout près du portail de la sortie. Les garçons, eux, se mettaient entre l'arbre et le préau et étaient ceux qui devaient « attraper » les petites filles. Ils étaient les chats, et nous étions celles qui devaient les éviter pour ne pas être éliminées.

J'ai longtemps couru entre le grand platane et le préau, et ai observé mes amies se faire toucher. J'ai regardé leurs grands sourires. Au début, cela m'importait peu. Après tout, le but était bien d'échapper à celui qui t'attrapait, non ? Et puis j'ai constaté que nos discussions changeaient. La fierté de celles qui étaient attrapées, choisies, était rayonnante. De mes yeux d'enfant, j'ai été spectatrice d'une hiérarchie tacite qui se construisait dans notre petit cercle d'amies. Il y avait les filles qui étaient attrapées. C'était souvent celles qui étaient remarquées par les autres garçons. Les filles qui étaient attrapées, ou qui étaient souvent avec les autres garçons, pouvaient être victimes du jugement des autres (le *slut-shaming* est présent dès les cours de récré). Elles étaient souvent aussi enviées car remarquées par les garçons les plus populaires. Et puis, il y avait les petites filles qui n'étaient pas attrapées. Elles devenaient auditrices des histoires des autres, conseillères, écoutantes. Sans histoire de chat à raconter, il fallait bien qu'elles jouent ce second rôle. Alors elles restaient sur le côté, spectatrices de la ronde des romances naissantes.

Certains pourraient dire que nous étions des enfants, devenues jeunes adolescentes puériles, qui ne pensaient qu'aux garçons. J'ai toujours trouvé cette accusation injuste. Tout pousse les femmes, les jeunes filles et les fillettes à mettre les hommes au centre de leur vie amoureuse, et pas seulement. D'ailleurs, certains n'accusent-ils pas les féministes d'être anti-hommes ? Très jeune, la question de l'amour romantique était abordée. Ces discussions qui existaient dans nos cercles d'amies étaient très influencées par des médias qui nous poussaient à nous positionner sur la question de la validation du regard masculin. À l'époque, mes camarades commencent à regarder les téléréalités, qui viennent d'arriver en France (je rappelle qu'on est au début des années 2000). Et comme l'explique très justement Valérie Rey-Robert dans son livre sur la téléréalité[9], tous ces contenus culturels, consommés par les plus jeunes, influencent le rapport aux autres. La téléréalité est souvent décriée, mais elle n'est pas la seule responsable. D'ailleurs, nombre de parents ne laissent pas leurs enfants regarder ces émissions. C'était le cas de ma mère. Cependant, je connais un certain nombre de séries, créées à destination des adolescentes et des jeunes adultes, qui ne passeraient clairement pas le test de Bechdel[10].

La majorité des livres, des séries et des films destinés aux jeunes filles gravitent inlassablement autour de ce « *love interest* » qui donne à penser que l'existence des personnages se réduit à leurs intrigues amoureuses. Alors que la question de la romance et du rapport aux garçons devient de plus en plus prégnante dans les cours de récréation et dans les discussions entre mes amies d'alors, celle-ci est centrale dans la plupart des contenus qui me sont proposés. La plupart du temps, ce *crush* répond à un cahier

9. *Téléréalité : La fabrique du sexisme*, Les Insolentes, 2022.

10. Le nom provient de la BD *Lesbiennes à suivre* écrite par la dessinatrice Alison Bechdel, sur une idée de Liz Wallace. Trois femmes veulent aller voir un film qui doit remplir ces trois règles : il doit y avoir deux femmes nommées dans l'œuvre, qui parlent ensemble durant plus de soixante secondes et qui ne parlent pas juste d'hommes.

des charges très précis : il est souvent blanc, avec les yeux verts ou bleus. Il est censé avoir un certain charisme, être courtisé par de nombreuses filles. La plupart de ces programmes montrent comment, au cours d'épisodes de vingt-cinq minutes, les jeunes héroïnes rentrent en compétition avec les autres filles de la classe pour attirer l'attention de ce *crush*. Le trophée ultime ? La validation et la sensation d'être choisie, et d'être validée.

Les magazines féminins feuilletés à l'adolescence sont dans la continuité directe de ces contenus. « Bronzée pour rencontrer l'amour de l'été », « Comment faire la meilleure fellation ? », « Vingt tenues pour le rendre fou ! »... Quand les articles ne faisaient pas une énième page sur une actrice qui avait prétendument pris trop de poids ou avait trop de cellulite, ils étaient remplis de conseils sur le fait d'attirer le regard des hommes ! D'ailleurs, je garde en souvenir ces magazines féminins qui avaient une page consacrée à des interviews d'hommes hétéros qui répondaient à des questions. Adolescente, je me demandais déjà quels hommes répondaient franchement pour des magazines que seules les jeunes femmes allaient lire.

Je n'avais pas encore compris qu'inconsciemment c'était une façon de renforcer encore la place de l'avis masculin, y compris dans des espaces qui étaient construits pour être lus par des jeunes filles.

Le désir des femmes grosses

Dans ces séries télévisées, et notamment les comédies romantiques que je dévore à l'époque, les femmes qui me ressemblent sont rares. La plupart, la petite grosse ou la femme noire, quand elles apparaissent, sont cantonnées à des rôles bien précis. Elles sont entremetteuses ou bonnes copines. Ce sont les gourous de couple, celles qui vont conseiller les héroïnes (souvent minces et blanches) dans leurs histoires de couple. Toujours conseillères, jamais aimées.

Les fictions, les livres, les romans qui placent les femmes grosses dans la position d'être désirées et aimées sont extrêmement rares.

Je le sais, parce que j'ai passé une bonne partie de ma vie à les chercher. Ce que j'ai plutôt trouvé, ce sont des histoires qui rabaissaient systématiquement l'attirance que pouvaient susciter les femmes grosses.

En clair, une femme grosse est le pire cauchemar des hommes qui cherchent l'amour, zappée lors du speed dating au profit d'une femme plus mince. Les femmes en surpoids sont souvent considérées comme avides d'amour, désespérées et prêtes à se jeter sur n'importe qui. Celles qu'il faut fuir à tout prix et dont l'attention est au mieux tournée en dérision par les copains de celui qui en est le destinataire. Alors, la fille-cauchemar n'est plus seulement cauchemar pour elle-même, mais aussi pour celui qui aurait le malheur d'attirer son attention. Pendant longtemps, j'ai eu l'impression que seule mon imagination était capable de créer des images où des femmes me ressemblant pouvaient être aimées. Adolescente, dépourvue de représentations de moi-même, j'ai pu avoir l'impression de ne pas exister.

« Il faut d'abord s'aimer soi-même avant d'aimer les autres. » Ce proverbe, qui est censé nous forcer à nous interroger sur notre valeur intrinsèque, sonne comme un mantra pour beaucoup, voire comme une leçon de morale dans la bouche de certains. Pour moi, il est totalement hypocrite.

Évidemment que c'est mieux d'apprendre à s'aimer soi-même avant de rentrer dans une relation amoureuse. Évidemment qu'on a envie de croire que « plus on s'aimera soi-même », bien mieux on aimera les autres. Mais la réalité, c'est qu'encore maintenant, on inculque et fait intégrer que la validation masculine est l'une des choses les plus importantes à décrocher quand on est une femme.

Comment commencer à valoriser son estime de soi quand ce qui nous est enseigné en tant que femme, c'est de se modeler pour aller coller à un idéal fixé le plus souvent par des hommes, étriqué et chimérique ?

On n'apprend pas aux femmes à s'aimer elles-mêmes. On apprend aux femmes à adopter le regard masculin[11] sur leur corps, à le considérer comme étant le seul véritable jugement recevable. Je n'ai pas été exempte, comme de nombreuses filles, de cet apprentissage tacite. Plus je grandissais, plus la place du regard masculin prenait de la place dans mon cœur d'adolescente. Moi aussi, j'avais envie d'être choisie. Moi aussi, j'avais envie que mon corps soit marqué du sceau de la validation masculine. Moi aussi, j'avais envie d'être embrassée. Je sentais en moi ce besoin d'être validée, besoin qui n'était pas récompensé. Je grossissais, je portais un appareil dentaire, j'avais la peau foncée : cette validation m'était clairement refusée.

Plus je désirais cette validation, plus le manque m'était douloureux. À cet âge-là, les pousses de féminisme qui visent à questionner ce manque, ce besoin de validation masculine, n'avaient pas encore germé. À l'âge de 15 ans, je m'étais déjà convaincue

11. Regard masculin : expression traduite de *male gaze*, par la critique de cinéma Laura Mulvey.

d'une chose : physiquement, je ne recevrais pas la validation de quiconque « telle que j'étais ». Il fallait que je trouve autre chose. Et dans un monde où l'amour des grosses était quelque chose de honni, de honteux, qu'il fallait fuir à tout prix, j'ai tu toute envie d'exprimer cet amour. À l'époque, j'aimais me dire que c'était de l'orgueil. L'idée de passer pour une groupie aux yeux de gens qui allaient se moquer de moi me donnait de l'urticaire. Et puis, quand on n'aime pas son corps, toute apparence de dignité est un vestige que l'on protège farouchement. Parfois, on est obligé de se construire des mythes internes qui nous servent de bouclier face à toute cette violence, celle de la société et celle qu'on s'inflige à soi-même.

Séduction en ligne

Au fond de moi, je pensais que les marques d'attention d'un homme étaient le Graal. J'enviais silencieusement mes amies qui se plaignaient de ce qu'on appellerait plus tard le harcèlement de rue en pensant en mon for intérieur que, au moins, c'était la marque de leur féminité. Dans le monde patriarcal dans lequel nous vivons, peut-on « devenir une femme » quand on est invisible aux yeux des hommes ? C'est la question que, confusément, je me posais. Bien que cisgenre[12], mon expérience de la féminité dans mon corps hors norme, tourmentée par l'absence du regard hétéromasculin, était troublée.

12. Cisgenre : un type d'identité de genre où le genre ressenti d'une personne correspond au genre assigné à sa naissance.

Je m'en vais alors chercher, sur mon outil favori, Internet, ce qu'il en est. Je trouve, aux détours de ma recherche, des sites qui prétendent apprendre à « séduire ».

Je découvre aussi, confusément, que certains hommes, jeunes ou moins jeunes, souffrent de l'absence d'une forme de validation. Les hommes aussi, ont un cahier des charges et des codes de la masculinité à respecter. Certains se décrivent comme exclus. Pourtant, dans ces espaces, je ne me reconnais pas. Et pour cause, sur ces sites qui prétendent vendre un savoir de la séduction, toute une communauté d'hommes se plaint, eux aussi, de ne pas avoir accès aux femmes qu'ils désirent. Évidemment, les femmes qu'ils désirent sont des femmes normées. Des femmes hautement valorisées. Des femmes minces, en général blanches, qui ne me ressemblent pas. Je lis leurs commentaires. Vois leurs frustrations. Seuls les hommes sont socialement autorisés à exprimer ces frustrations. Les concepts de « misère sexuelle », et cette colère dirigée contre les femmes, notamment celles qu'ils convoitent, est tolérée.

Je constate, à travers l'exposition de leurs griefs, à quel point les sites qui tentent de répondre à ça insistent sur le fait que les attentions féminines sont un dû. Que celles qui les leur refusent sont finalement superficielles. Qu'elles méritent d'être trompées, parfois rabaissées pour être manipulées. Ces sites Web, ces livres, ne critiquent que trop rarement les normes patriarcales qui poussent les hommes à incarner des idéaux-types. Au lieu de déconstruire peu à peu, une conception excluante de la virilité (hétérosexuelle, musclée, grande et poilue), ces sites renforcent ces mêmes idéaux-types qui excluent, qui font naître des insécurités et autres. Comme le décrit l'anthropologue Mélanie

Gourarier dans son livre *Alpha mâle*, les sites de séduction reposent en majorité sur la promesse à peine dissimulée de redonner le pouvoir de domination qui serait « naturellement attribué aux hommes » à ceux qui pensent l'avoir perdu. Les voies alternatives sont bouchées, que dis-je, colmatées au béton. Tout ce qui importe, c'est donner raison à la norme patriarcale qui leur énonce que les femmes sont censées être à leur disposition. Comment ensuite s'étonner que certains soient sensibles aux discours de l'extrême droite viriliste qui considère le corps des femmes blanches comme un territoire de « reconquête » face aux « barbares » ?

Je ferme bien vite les pages Web.

Corps gros, corps noir, le piège de la fétichisation

Jusqu'à 18 ans, ma mère m'a empêchée de mettre des extensions. Pas de défrisage, pas de cheveux lisses, pas de tissage. Tout ce qui pouvait ressembler à des cheveux à peu près lisses, loin de ma texture naturelle, était prohibé. « Tu es trop jeune, non, tu vas abîmer tes cheveux, non, tu ne sauras pas les entretenir, non, ce sont des coupes trop matures », disait-elle.

Ces « non » énoncés d'une voix protectrice, je les ressens alors avec frustration. Oui, c'est mon corps, mais c'est son argent et je suis sa fille. Alors, c'est elle qui a le dernier mot. Jusqu'à 18 ans, je regarde avec envie les femmes qui s'assoient à côté de moi au salon de coiffure. Elles sont là, qui feuillettent des photos de stars noires américaines, découpées et enfilées dans des albums photos qui font office de catalogues. J'observe leurs doigts manucurés, leurs lèvres peintes de rouges à lèvres rouges. Je soupire intérieurement en les entendant choisir le tissage dont je rêve.

Jusqu'à 18 ans, je me scrute dans le miroir, regardant mes cheveux crépus, libérés de leurs nattes seulement quelques jours par mois, et j'associe cet état à mon manque de féminité. Je regarde mes cheveux qui s'élèvent vers le ciel et je rêve de les voir s'abaisser vers le sol. À l'époque, les youtubeuses noires qui vantent le retour aux cheveux naturels plus crépus sont restreintes à un coin d'Internet que je ne connais pas. Les femmes séductrices, et les femmes qu'on a envie de séduire, sont censées avoir les cheveux lisses et tombant dans le dos.

C'est l'image qui m'est renvoyée et qui reste encore largement la norme, malgré le travail de nombreuses femmes noires, sur Internet et ailleurs. À 18 ans, je réclame moi aussi mon tissage. Comme un rite de passage. Comme un marqueur de mon appartenance à une féminité conventionnelle. Moi aussi, j'aurai l'immense privilège d'être aimée par un homme. Si je me réduis suffisamment pour entrer dans les cases, et que je rogne suffisamment mon corps, peut-être que sur un coup de chance, un homme me pardonnera d'être grosse. Je suis pleine de phéromones, de libido frustrée et de fantasmes. Puisqu'il faut à tout prix rentrer dans des cases, je me plierai.

Les cases sont aussi étroites qu'une cabine d'essayage. Les seuls hommes qui sont montrés en train d'apprécier les femmes en surpoids sont accusés d'être des personnes déviantes, aux goûts excentriques. Ceux qui sont montrés en train d'aimer ou de désirer des femmes grosses, noires à la peau foncée ? Totalement absents.

Dois-je en conclure que, pour aimer mon corps, il faut être déviant ? Comme toutes les déviances, suis-je condamnée à être cachée comme un secret honteux ? L'amante, le secret, la catégorie « BBW[13] » d'un site pornographique que l'on consulte en navigation privée ?

En France, et plus généralement, dans le monde hexagonal, les images qui montrent les femmes grosses désirables sont peau de chagrin. Les rares qui apparaissent sont des pin-up. Elles doivent toutes répondre à un cahier des charges assez précis (tiens, comme le prince charmant des films Disney !). Les grosses lèvres, c'est OK, les gros seins, c'est OK, les grosses fesses, aussi. La taille sablier, la taille en 8, c'est OK. Mais cachez-moi ce ventre ! Cette cellulite, ces vergetures ! Cachez-moi ce gras, ce bout de corps, ces bouts de moi, qui ne sont pas censés exister. Cachez-moi ces cheveux crépus ! Cachez-moi ces frisottis ! Cachons tout pour attirer cette attention, ce désir, cette validation dont j'ai eu envie, désespérément.

Je tiens à rassurer toutes les jeunes filles et les femmes qui me lisent peut-être. La validation, je l'ai finalement trouvée. À force de bios pseudo-ironiques sur OkCupid, de photos prises avec le bon angle pour cacher mon double menton, de petites robes noires qui mettaient en valeur mes seins, j'ai finalement, au début de la vingtaine, reçu une forme de validation masculine. J'avais passé toute mon adolescente à la chercher, cette validation. Alors, c'est vrai que lorsque j'y ai enfin eu accès, mon adolescente intérieure a enfin exulté. Fini, la grosse à lunettes qui était laissée de côté ! Je dois avouer que j'ai pris un réel plaisir à voir que les efforts que j'avais faits pour me conformer marchaient un peu. En voyant

13. *Big Beautiful Women.*

le nombre de *likes* qui s'accumulaient, je sentais à l'époque une vague de satisfaction. Au début, je m'éclatais à échanger des sextos avec des inconnus, à aller en *date*. Enfin, moi aussi, j'avais des anecdotes à raconter aux copines ! Enfin, moi aussi, je pouvais participer au grand jeu de la séduction ! Enfin, moi aussi, j'étais un peu dans la *norme* ! Enfin, moi aussi, je pouvais aller à des rencards, et vivre des grandes aventures !

Ce n'est que plus tard, bien plus tard, que je me suis rendu compte de ce que ça impliquait, de devoir se conformer à la norme. Cette validation, que je cherchais à tout prix, a aussi pris la forme de questions clairement exotisantes[14], notamment sur les applications de rencontre, mais pas seulement. Combien de fois ai-je entendu ou lu des « Je ne suis jamais sortie avec une Noire ! ». Comme si ma peau promettait immédiatement un voyage dans des contrées lointaines. Que n'ai-je pas lu sur « les femmes grosses qui n'ont pas froid aux yeux et qui font tout au pieu » ! Notre manque d'assurance, présenté comme un avantage aux hommes qui tentent d'assouvir leurs fantasmes sexuels, et qui s'appuient sur la peur de dire non des femmes qui seraient peu convoitées. Et me revoilà coincée entre mon désir, ma libido frustrée, un sursaut d'envie de crier que je ne suis pas un guide touristique du sexe, ni une expérience à cocher et mon besoin effréné de validation. Le malaise est partout, mais je fais ce que la société m'a appris : j'avale et je ferme ma gueule.

La réalité, c'est que le fait d'avoir intégré l'idée que je devais me conformer à un idéal pour absolument trouver la perle, le trésor,

14. Laura Nsafou a écrit un long article sur l'origine de la fétichisation sur son blog, Mrs Roots : https://mrsroots.fr/2017/02/27/ma-panthere-noire-sexualite-stereotypee-des-femmes-noires-en-occident/

aka un homme, m'a mise dans une position où il m'était difficile de discuter de ce que je voulais, moi.

Je ne me posais que très rarement la question. Je ne pouvais que quémander, être désirée, être aimée. Je pourrais plaider la naïveté, au jeune âge. Le début de la vingtaine, c'est jeune. Mais j'ai l'intuition que cette naïveté, et surtout ce désir dévorant d'être validée, qui nous rend si vulnérable, surtout quand on est jeune adolescente, sont construits de toutes pièces.

Cette vulnérabilité a une prise d'autant plus grande sur les femmes, du moins sur moi, qu'elle repose sur cette idée que nos corps sont des problèmes. Dans ma vie amoureuse, elle m'a amenée, plus d'une fois, à rester silencieuse. Rester silencieuse sur mes envies de relation. Pendant longtemps, je me suis contentée de schémas qui renforçaient l'idée, persistante, que je ne pouvais pas être choisie. On me proposait d'être la maîtresse. On me proposait d'être l'amante secrète. D'être une fille parmi d'autres filles. Mais rarement, ces hommes envisageaient que je sois la « fille qu'on présente aux parents ». Et il m'est arrivé de l'accepter, aussi. Pendant longtemps, je n'ai pas réfléchi à la façon d'exprimer mes envies au cours des joyeux ébats de ma vie sexuelle. Il m'est arrivé de me taire, lorsque les mots utilisés pour me décrire par les hommes qui me désiraient me mettaient extrêmement mal à l'aise. Tout simplement parce que depuis toute petite, j'avais appris à mettre sur un piédestal les hommes qui daignaient m'accorder de l'attention.

Comment être sûre de soi, quand les messages qui nous bombardent nous renvoient à notre inadéquation ? Comment s'offrir de la meilleure façon, pour être celle qui donnera le plus de plaisir possible. Donner, donner, donner. Tant d'articles dans les journaux féminins sur les robes qui nous feraient avoir l'air moins grosses, les crèmes qui masqueraient nos rides. Tant d'articles sur les meilleurs endroits où choper. Cacher, cacher, cacher.

Tant d'articles sur comment se dissoudre dans la norme et ses catégories. Et pendant que j'apprenais à me dissoudre, je n'apprenais pas à dire « non ». Je n'apprenais pas à affirmer mes désirs.

Ce temps consacré à vouloir rentrer dans cette norme, c'était un temps que je ne consacrais pas à la questionner. Lorsque je courais après cette validation, je ne me demandais pas si elle était légitime.

J'avais peur de ne pas être aimable, tout simplement. J'ai passé des années à penser que mon corps, son gras, ses vergetures, sa peau trop sombre, et mille et unes parties de moi formaient un obstacle à l'amour.

Le désir d'être aimée me consumait, bien que je le fusse, par ma famille, mes amies, des proches de l'époque. Pourtant, dans une société qui met l'amour romantique hétérosexuel au-dessus de toute autre forme d'amour, l'idée de ne pas être aimée par un homme me rendait profondément triste.

J'ai fini par croire, sans validation masculine, que je ne valais rien, et que je n'avais droit à rien. Parce que j'étais associée à la case « pas aimable ». Le fait de croire n'avoir droit à rien, pas d'amour, pas de respect, pas de bonheur, met les femmes dans une position extrêmement dangereuse. C'est une croyance fausse, alimentée par une société patriarcale et raciste. L'amour des femmes a de la valeur. Nous vivons dans une société qui a tendance à montrer des femmes désespérées de se mettre en couple, et qui fonctionne sur le repoussoir des filles-cauchemar pour effrayer celles qui sont le plus proches de la norme. La réalité c'est que les hommes ont tendance à tirer un énorme bénéfice du fait d'être avec des femmes. Un bénéfice matériel tout d'abord : dans la mesure où le partage des tâches est encore très inégal, être en couple signifie, pour un homme hétérosexuel, être quasi assuré d'avoir une travailleuse domestique non rémunérée. Tout ce temps que les femmes prennent à assurer les tâches ménagères, et tout ce qui relève de la charge mentale, vaut quelque chose. Une étude[15] datant de 2019 menée sur une centaine de milliers d'hommes démontre même que les hommes mariés ou en couple sont en bien meilleure santé que les hommes célibataires, veufs ou divorcés. L'amour des femmes, l'attention et leur compagnie, leur présence, leur travail, leur manière de maintenir les liens sociaux, tout cela a une valeur, souvent inestimable.

Le conte de la vieille fille

« Je hais les couples qui me rappellent que je suis seule[16] »...

Mythique chanson française des années 2000 qui illustre ce que j'ai ressenti à propos des autres couples pendant toute la première partie de ma vingtaine.

Non pas que je souhaitais du mal aux femmes qui avaient finalement été choisies, mais je les enviais. Mon célibat me collait aux baskets comme un vieux chewing-gum dont je voulais à tout prix me débarrasser.

15. « Marriage and Men's Health », *Harvard Men's Health Watch*, 2019.

16. Anaïs, *Mon cœur, mon amour*, « The Cheap Show », 2006.

Ce ne sont pas des choses que l'on doit avouer publiquement, surtout à l'ère où le féminisme, attaqué de toutes parts, devrait être incarné par des femmes qui ne sont pas censées avoir des contradictions.

Et je vois déjà les sourires moqueurs, les « Ah ouais, toi tu avais peur d'être célibataire ? Mais tu es féministe, non ? ».

Évidemment, que j'avais peur du célibat, à une période où finalement, j'étais relativement jeune.

Tout est fait dans cette société pour que les femmes aient peur du célibat. À tout âge.

Et je ne suis pas la seule.

Dans *Le Cœur synthétique*, Chloé Delaume raconte l'histoire d'Adélaïde, une attachée de presse de 47 ans qui sort d'une séparation. Malgré nos différences d'âge et de situation, je me suis reconnue dans sa peur de ne pas exister sans validation masculine. Je me suis reconnue dans ces récits de nuits en boîte où l'héroïne du roman aurait pu tout aussi bien être une plante verte tant elle n'attirait pas le regard. Je me suis revue, plus jeune, me jetant sur la piste, essayant d'ignorer le fait qu'autour de moi les couples se formaient et se déformaient, sans que je puisse y participer.

L'héroïne du *Cœur synthétique*, elle, se souvient d'une époque où elle faisait partie de ce jeu. Elle raconte à quel point pour elle il était facile de passer d'histoire en histoire, plus jeune, et c'est pour ça que cette soudaine absence la terrifie. Pour de nombreuses jeunes femmes, la vieillesse est synonyme de naufrage. De perte. De renoncement. Le terme « vieille fille » symbolise ce mécanisme de peur que l'on inocule aux jeunes femmes. Vieille fille. Plus désirée. Comme si le soleil se couchait sur nos vies après 32 ans.

Comme si nos corps, nos corps de femmes étaient bons au rebut, passée une date de péremption.

Vieille fille. Dans nos bibliothèques mentales, les femmes plus âgées n'attirent pas ou n'attirent plus. On n'aime pas voir les femmes vieillir, surtout pas au cinéma.

Plusieurs articles montrent comment les Brad Pitt, les George Clooney et autres acteurs masculins peuvent continuer à incarner un certain sex-appeal, alors que les femmes, qui sont censées être le centre de l'attention, ne dépassent que difficilement la vingtaine à l'écran. Dans notre société, en France, en Europe et ailleurs, le pouvoir est détenu par des hommes blancs, riches et occidentaux. Quand on regarde les conseils d'administration des grandes entreprises industrielles, mais aussi de Netflix, de PornHub, d'Instagram, de Tinder et de *Vogue*, on retrouve des profils similaires. De ce fait, ce sont ces profils qui, par le biais des magazines de mode, des émissions de télé, forment et peuplent les imaginaires de ce que doit être la beauté féminine.

Les rôles de femmes de plus de 30 ans (ainsi que les femmes qui les incarnent) sont tout bonnement effacés des écrans. La plupart disparaissent. Celles qui restent sont asexualisées. Aseptisées.

Dans le livre *La Voyageuse de nuit*, Laure Adler partage avec nous ses rencontres avec des femmes qui ont dépassé l'âge de 70 ans, et explore le thème de la vieillesse, notamment le visage des femmes vieilles. L'autrice explique à quel point dans les figures populaires, on associe la femme vieille à des images négatives. Elle montre comment, à travers la figure de la sorcière notamment, les femmes vieilles, seules et sans enfants sont déconsidérées.

Heureusement, récemment, plusieurs œuvres sont venues bousculer ce *statu quo*. De plus en plus, on trouve des femmes pour réinterroger la question de la vieillesse. Il existe la série *Grace and Frankie* qui montre des femmes du troisième âge, vivantes, sexuellement actives, entrepreneuses, drôles et pas limitées à leur rôle de mamie gâteau. Certes, il y aurait bien des critiques à faire à cette série, notamment que le profil des femmes mises en valeur est toujours peu ou prou le même (blanches, minces, hétérosexuelles, valides et riches), mais l'effort est à noter. (Et j'adore Jane Fonda depuis toujours.)

Tribune importune

Après le phénomène #MeToo, une des questions qui tournaient en boucle était la suivante : « Mais du coup, avec toutes vos histoires, comment on drague à l'heure de #BalanceTonPorc ? » C'était LA question qui taraudait de nombreuses personnes. Soyons honnêtes, qui taraudait de nombreux *hommes*.

Dans mes bons jours, cette question pouvait me faire esquisser un léger sourire. Ma réponse spontanée, c'est de recommander la lecture du livre *Une culture du viol à la française*[17] de Valérie Rey-Robert pour m'éviter une longue conversation sur la culture du viol.

Et puis, l'insistance de la question, posée sur tous les tons, a fini par profondément m'agacer. Elle me rappelle que toutes les femmes, même celles qui ne sont pas attirées par les hommes, sont obligées de considérer leur regard et leur attention comme étant

17. Valérie Rey-Robert, *Une culture du viol à la française*, Libertalia, 2019.

l'une des choses les plus importantes de leur vie, plus encore que leur propre sécurité. L'amour et le désir d'un homme, et surtout d'un homme blanc, riche et puissant, sont si valorisés, qu'alors même qu'une vague de dénonciations d'agressions sexuelles déferlait sur les réseaux sociaux, un groupe de femmes a décidé d'écrire une tribune sur le droit d'importuner.

Beaucoup de choses ont été dites sur cette tribune dégoulinante du sexisme intériorisé de celles à qui le système sexiste nuit le moins, et je retiendrai ceci : cette tribune, publiée dans un grand quotidien, n'aurait jamais pu être écrite, encore moins aussi largement diffusée, si le sous-titre avait été « Le droit d'être importunée par des jeunes hommes noirs et pauvres. » Je ne me rappelais en effet pas les avoir vus se saisir de leur plume pour défendre le droit d'être importunée lors de toute la séquence politique « migrants harceleurs de la rue Pajol ». Qui pouvait se permettre d'écrire une telle tribune ? Qui d'autre qu'une femme multiprivilégiée pouvait publier sa volonté de vouloir être « importunée » par des hommes, soumise à leur regard et à leur pouvoir ? Est-ce qu'on imagine une femme pauvre, noire, musulmane, écrire une tribune après tout un débat sur #MeToo en appelant à la « liberté d'importuner » ? Peut-on l'imaginer être publiée dans un grand quotidien national et être invitée sur les plateaux pour dérouler un tel argumentaire ? Pour une femme non blanche, sans cesse suspectée de ne pas être assez « libérée » et « émancipée » des hommes (de sa communauté d'origine surtout), une telle tribune n'aurait pas eu l'importance et l'audience que l'on connaît. Le regard masculin est acceptable du point de vue de la société, mais pas n'importe quel regard. Seul un certain type de regard masculin, très spécifique, te donne accès au pouvoir.

Tous les actes sexistes sont, chacun à leur échelle, violents. Le patriarcat mérite d'être combattu partout, dans la rue, dans les bureaux, dans les usines, à la campagne et dans les quartiers populaires. Pourtant, force est de constater qu'en France, on a une plus grande facilité à condamner le sexisme quand il est incarné par des corps qui représentent l'ailleurs. La lutte contre le harcèlement et l'exclusion des femmes sont plus vigoureusement applaudis quand il s'agit de pointer des hommes pauvres et/ou non-blancs. Il y a du monde pour expliquer comment le rap est intrinsèquement sexiste. Mais moi, je me souviens encore comment on a traité Nafissatou Diallo lorsque l'affaire DSK a éclaté. Comment certains ont ouvertement considéré que, comme elle était grosse et moche, elle aurait dû se réjouir d'attirer le regard d'un homme comme Strauss-Kahn. Je vois tous ces féministes autoproclamés, qui sont beaucoup moins prompts à hurler quand le sexisme est incarné par des hommes de pouvoir.

Ceux qui attendaient un chapitre sur « comment draguer à l'ère post-#MeToo » en seront pour leurs frais. Il n'y a pas de mode d'emploi clé en main, qui marcherait avec toutes les femmes car, cela vous surprendra peut-être : nous ne sommes pas un meuble Ikea, que l'on peut monter. J'enjoindrai donc tous ceux (et celles) qui se posent la question à se retrousser les manches et à faire leurs propres recherches pour réinventer des relations de séduction plus respectueuses des autres.

Tolérer notre sort

En tant que femmes, il est attendu que nous devons chercher la paix et la maintenir.

Dire oui. Sans conditions. Dire oui, contre nous-mêmes. Accepter, avaler. Toute autre position sera considérée comme une bravade, un bouleversement de la structure familiale, voire pire, une justification pour l'homme pour tromper, blesser physiquement et psychologiquement. Les récits de militantes de La Barbe[18] témoignent de la violence que rencontrent celles qui veulent bouleverser l'ordre établi.

Ce climat de peur diffuse, de manque, de solitude et/ou de violence ne permet que très peu la remise en question. Quand on cherche, comme j'ai pu le faire plus jeune, la validation masculine à tout prix, on ne questionne pas la forme que peuvent prendre les relations amoureuses. L'une des leçons les plus importantes du patriarcat inculquée aux femmes est celle de tolérer et de minimiser leurs attentes vis-à-vis des hommes, en leur pardonnant à tour de bras leurs insécurités, leurs indisponibilités émotionnelles, leurs traumas, leurs erreurs, leurs manquements, leurs absences, leurs violences.

Quand on constate à quel point les femmes peuvent être perdantes en matière de ressources quand elles doivent se séparer[19], il n'est pas idiot de déduire que la société pousse les femmes à rester en couple envers et contre tout. Quand on accepte les inégalités salariales, que l'on ne veut pas remettre en cause la répartition inégale des richesses, et que l'on se retrouve avec une surreprésentation des femmes seules (avec ou sans enfants) dans les catégories les plus pauvres... on finit par courir pour se mettre en couple. Même si ça veut dire abandonner sa carrière. Même

18. Groupe féministe français de la fin des années 2000 connu pour faire des happenings dans les conseils d'administration des grandes entreprises du Cac 40.

19. Le livre *Le Genre du capital* de Céline Bessière et Sibylle Gollac est éclairant à ce niveau.

si cela veut dire renoncer à son cercle amical. Même si cela veut dire subir le potentiel manque de respect des hommes, accepter le fait que sa voix, ses envies, ses désirs seront tus.

J'entends déjà des critiques qui montent. Des « tout ça, c'est bien gentil, mais j'en connais des femmes qui sont parties, moi ! ». Et c'est vrai, il en existe. Souvent, on montre des exemples de femmes, qui, elles, en parlent. Celles qui ont réussi à fuir une relation abusive. Ces exemples sont souvent accompagnés de reproches implicites : « Elle a réussi à ne plus se taire, donc tu pourrais le faire. » Oui, il est possible de ne pas se taire. Mais entièrement faire porter sur le dos des femmes la responsabilité de parler me paraît injuste. Comment reprocher aux femmes de se taire alors que la société tout entière leur a légué le silence et la peur en héritage ? Quand on voit, par exemple, que sur 100 femmes qui portent plainte pour un viol, une seule condamnation sera énoncée[20], comment leur reprocher encore de se taire ? Comment leur reprocher de se taire lorsque leurs mots sont constamment triturés, caricaturés, moqués, voire carrément étouffés, encore plus quand ce sont des femmes pauvres, non-blanches, avec un handicap, prostituées, etc. ?

À l'occasion de la sortie d'un énième *reboot* d'une série datant des années 1990, je me suis replongée dans la saga *Sex and the City*.

Cette série a été une compagne fidèle pendant ces heures de mon adolescence. Pendant ces longues heures que je passais à détacher les nattes qui nouaient mes cheveux et à enlever mes rajouts, je piquais en secret les DVD de la mère et m'enfer-

20. Fabien Lebouc, « Pour 100 viols et tentatives, une seule condamnation : Dupond-Moretti a-t-il raison de douter de ce chiffre ? », **Libération.fr**, CheckNews, 22/07/2020.

mais dans ma chambre pour regarder les aventures de Carrie, Samantha, Miranda et Charlotte. *Sex and the City* a été la série un peu réconfortante que je mettais pour passer le temps.

En regardant les épisodes, je me rends bien compte que certaines choses sont vraiment datées. Les critiques autour de la série sont connues : lesbophobie et biphobie criantes, fétichisation et exotisation des hommes noirs, tropes éculés de la *angry black women*, transphobie... Et là, je ne parle que des trois premières saisons.

Pourtant, une chose m'est restée en tête à l'issue de mon revisionnage. Si beaucoup de choses, débats, sujets ont mal vieilli, certaines parties de la série sont restées vivifiantes. Alors que beaucoup de choses ont été déjà dites à propos de la sexualité débridée de Samantha, une des héroïnes, ce qui m'a marquée surtout lors de ce dernier visionnage, c'est la manière dont elle clamait son célibat. Jusqu'à maintenant, une figure comme celle-ci, d'une femme qui ne désire pas d'enfants (passé la quarantaine), et qui ne recherche pas le mariage, reste encore rare sur nos écrans.

J'aurais aimé avoir une incarnation de cette idée par des femmes qui ne ressemblaient pas à Samantha. Car, il faut le dire, elle rejetait l'injonction patriarcale au mariage mais incarnait toutes les normes corporelles de beauté. Comme si, Samantha étant déjà une figure trop « radicale » vis-à-vis du mariage, elle ne pouvait pas en plus être autre chose qu'une femme mince, blanche, blonde et riche.

J'ai ensuite pensé à ma grand-mère, qui vivait seule d'une petite retraite et qui refusait de vivre avec un homme. Ce type de célibat là, certes moins glamour, méritait tout autant d'être mis en lumière.

Après avoir éteint l'écran, une idée m'a traversée : « Combien de femmes quitteraient des relations bancales, où elles ne sont pas heureuses, si elles avaient un revenu décent ? » Je me suis empressée de le twitter, ce qui m'a valu un nombre incalculable d'insultes, venant essentiellement de misogynes, qui m'ont accusée d'être michetonneuse » et « vénale » entre autres joyeusetés.

Pour autant, n'en déplaise aux *incels*[21] du Net, la question mérite d'être posée. Combien de femmes quitteraient une relation bancale, si elles étaient sûres d'avoir les moyens financiers et sociaux de se protéger des répercussions qu'entraîne le fait de partir ?

Comment, avec ces mêmes outils, les relations hétérosexuelles changeraient au sein des couples qui souhaiteraient rester ensemble ? Sans conditionnements au couple héteropatriarcal et avec un accès plus égalitaire aux ressources matérielles et sociales, combien de femmes et d'hommes vivraient différemment leurs relations, hétérosexuelles ou non, leur couple et leur corps ?

21. Néologisme et mot-valise de langue anglaise pour *involuntary celibate*, « célibataire involontaire » en français.

Chapitre 4

In formation

Le regard des autres

Lorsque l'une de mes amies d'enfance me demande, à 30 ans, d'organiser son enterrement de vie de jeune fille, la première idée qui me vient n'est pas forcément de faire un grand discours féministe sur la tristesse que me cause l'idée d'un enterrement de vie de jeune fille (parce qu'entre nous, c'est quoi « une vie de jeune fille » ?).

Pour elle, je veux faire les choses bien. Et s'il faut mêler l'utile à l'agréable (et parce que je ne suis pas très originale), je propose très vite un week-end spa/plage. Tout le monde se réjouit, y compris moi. Cette fois-là, il m'est arrivé quelque chose d'étrange. J'ai oublié que j'étais grosse.

Un peu comme quand j'oublie d'acheter ma crème Bariéderm (les vraies sauront) et que l'intérieur de mes cuisses brûle horriblement après exactement sept minutes cinquante. En général, je n'oublie pas que je suis grosse.

Mais, au moment où je propose ces plans, pour divertir ma pote, j'oublie que je vais être une grosse sur une plage.

Une grosse Noire, avec des cheveux très crépus, sur une plage.

Une grosse Noire, avec des cheveux très crépus, sur une *plage du sud-est de la France*.

Je regrette déjà mon idée.

La semaine précédant le week-end de l'enterrement de vie de jeune fille de mon amie a été chargée d'angoisse. Les heures que je devais consacrer à écrire ce livre furent gaspillées à réfléchir à chacune de mes tenues. Laquelle me rendra la plus « normale » ? J'ai tenté d'éteindre la voix qui murmurait dans ma tête que ce n'était pas possible. Que de toute façon, aucune robe Asos ne masquerait ma taille 52. Fichue étiquette ! Fichu gras ! Fichu corps ! Quelle idée de passer mon temps avec des meufs minces, non mais franchement !

L'anxiété grandit dans le trajet vers la ville en bord de mer. Le fait que les sièges du train ne soient pas pensés pour des fesses de mon gabarit n'aide pas. Des années à voir des films qui montrent le point de vue de minces qui se plaignent d'être dans le proche voisinage de gros, ça marque. On apprend à vouloir se faire toute petite.

Alors, j'essaie l'impossible. Je me retrouve à vouloir me courber dans tous les sens, en espérant déranger le moins possible.

Disparaître, encore une fois.

Je devais retrouver mes coreligionnaires de l'EVJF sur le quai d'une gare du Sud. Peu de temps avant, j'avais posté sur le groupe qui nous avait servi pour organiser l'EVJF que j'étais « la meuf grosse avec beaucoup de cheveux, en veste en jean ! ». Était-ce pour les préparer à faire face à un corps hors norme ? J'ai passé énormément de temps à projeter mon angoisse sur des filles qui, somme toute, n'avaient pas eu un début de commencement de phrase grossophobe ou raciste à mon égard. Et pourtant, j'avais déjà tout anticipé, voulu parer à toutes les éventualités. J'avais projeté énormément de choses, sur ces rencontres.

Honnêtement, j'ai voulu surtout me protéger moi, de leur regard. Pourquoi étais-je si peu sûre de moi ? Sans doute parce que quoi qu'on en pense, aussi bienveillantes les femmes puissent-elles être avec le corps des autres, si on se fait violence et si on déteste son propre corps, il est impossible de pouvoir regarder celui des autres avec une totale bienveillance. Et je ne peux même pas les blâmer, elles qui tirent sur leur petit ventre, qui rentrent dans du 38 l'air atterré, et qui me disent ensuite : « Tu es très belle, ne doute pas de toi-même. » Je ne peux pas blâmer celles qui se jettent dans la grossophobie, qui ont peur de devenir ce qu'est mon corps aujourd'hui et qui le font remarquer en ma présence en pensant que la violence qu'elles infligent à leur corps ne va pas éclabousser le mien.

Je ne peux même pas blâmer celles qui pensent que mon corps est leur pire cauchemar. Parce que moi aussi, ce week-end-là, j'ai passé mon temps à m'excuser d'être dans mon corps. À la plage, la future mariée nous a demandé de faire une des sempiternelles photos de l'EVJF pour immortaliser ce moment. Elles étaient toutes en maillot de bain et j'ai proposé de la prendre.

Quelle bonté d'âme de ma part.

L'une d'entre elles, qui, à mes yeux et aux yeux de H&M, rentrait dans une taille absolument standard, a refusé d'apparaître.

Elle m'a jeté d'un ton sardonique : « Moi ? À côté de toutes les autres en maillot de bain ? Pour qu'ensuite ça tourne sur les réseaux ? Certainement pas ! »

Je le connaissais, ce ton où l'acidité de l'ironie peine à masquer nos insécurités.

Grossophobie et dilution de solidarité

Récemment, j'étais à une conférence organisée par une féministe pour la sortie de son dernier livre.

La salle était pleine, en majorité des femmes, mais il y avait aussi des hommes sur les bancs de la pièce. Pendant une heure et demie, la conversation fut riche et pleine d'enseignements sur le *male gaze*, sur le *mansplaining*, sur les codes de beauté.

Et puis à la fin, vint le moment fatidique des questions.

Toute personne qui a déjà assisté à un événement, à une réunion ou à une conférence féministe sait qu'il y a toujours un temps incontournable, qui commence lors des questions-réponses, surtout quand les intervenants ou les invités sont des femmes en majorité.

On tend le micro à une personne. On va l'appeler Jean-Michel-Conf. Donc Jean-Michel-Conf prend le micro d'un geste assuré. On le voit, il a fait ça des milliers de fois. Tout, que ce soit dans la posture, le ton, l'air, donne l'impression que Jean-Michel-Conf - Jean-Mich pour les intimes - est à l'aise. D'ailleurs, souvent, il trépigne pour prendre le micro.

La modératrice lui demande quelle est sa question. Alors, il sait que c'est son moment.

« Voilà, on a parlé beaucoup des hommes pendant cette heure et demie... Je vous assure, hein, il y en a des biens ! D'ailleurs, ce qu'on ne dit pas souvent, c'est que les femmes sont en général les pires ennemies des autres femmes ! »

Et s'ensuit une longue anecdote sur une femme qui aurait empêché une autre femme de progresser dans le milieu professionnel, ou autre.

Évidemment, il n'y a pas de question.

La plupart du temps, lorsque ce moment de la conférence arrive, je pousse un bon gros soupir bien bruyant. Quand même, quel culot de venir donner des leçons de morale à celles qui ont dû intégrer la détestation de leur corps dès leur plus jeune âge ! Et souvent les hommes qui tiennent ce discours ont un petit sourire satisfait, genre : « Ben tu vois, ce n'est pas ma faute s'il y a du sexisme et du patriarcat, c'est de la faute de toutes ces femmes qui se détestent entre elles. » À mes oreilles, cela sonne comme les phrases du style : « On ne peut pas faire confiance aux femmes, elles se détestent entre elles. » Foutu sourire satisfait de celui qui pense dire aux femmes, notamment noires, comment porter leurs cheveux, et LA bonne coupe pour avoir l'air le plus « élégante/authentique/sexy/naturelle/professionnelle » en laissant toute la charge mentale de s'occuper des enfants de la famille et de leur apparence à la femme la plus proche du coin.
J'ai assisté à beaucoup d'événements féministes. Je ne peux pas compter toutes les fois, où des hommes se sont lancés dans des tirades sur les femmes, louves pour les autres femmes. Mais il faut le dire, ce phénomène ne se limite malheureusement pas

aux conférences... J'ai noté que chez beaucoup d'hommes qui se disent féministes - pas tous... je vous entends déjà -, il est beaucoup plus facile d'aller souligner les torts des femmes, plutôt que de confronter leurs pairs sur ce qu'ils tirent du patriarcat, en termes de pouvoir économique et financier notamment. Pourtant, tant de chantiers, ambitieux, sont à mener sur la question des hommes entre eux, sur comment le patriarcat les enferme dans des codes qui, tout en conférant un pouvoir certain, les blesse et blesse toutes celles et tous ceux sur qui ce pouvoir s'exerce. Je suppose que remettre une femme à sa place est une activité plus familière que corriger ses pairs masculins.

Dans ce contexte, certaines prétendent souvent qu'il vaut mieux taire le rôle que certaines femmes peuvent jouer dans cet environnement de détestation des femmes. Une des raisons de ce silence serait d'éviter de tendre le bâton à d'autres hommes, qui se déchargeraient de leur responsabilité dans le domaine. Une autre raison serait tout simplement qu'en parler alimenterait le phénomène. Après tout, est-ce qu'on ne serait pas en train de remettre en cause la « sororité » si on parle des sujets qui fâchent ?

Ces mécanismes ont néanmoins des conséquences dans nos relations entre les femmes. Sainte-Bonnasse, *pretty privilege*, grossophobie : quand les femmes sont convaincues que leur valeur se trouve dans le regard masculin, elles se détournent des autres femmes. Se détourner n'est pas un mot assez fort : elles ne construisent pas des liens de solidarité.

Au contraire, elles construisent des relations de concurrence et de compétition malsaine.

Parfois, elles encouragent et participent à cette violence qui peut exister et qui, dès le plus jeune âge, empêche de créer du collectif. On le sait, les humiliations liées au poids prennent bien souvent la forme de harcèlement scolaire. Combien de témoignages de personnes qui ont été grosses et qui ont été harcelées au collège, par exemple ?

J'ai toujours vu ma grand-mère entourée de femmes. Que ce soit les femmes du quartier avec qui elle organisait des tontines[22], ses voisines de palier avec lesquelles elle se liait d'amitié, ou encore des femmes qu'elle rencontrait au salon de coiffure, ma grand-mère a eu énormément de relations amicales féminines. Il n'était pas rare, au détour des sempiternelles visites familiales, de croiser des femmes qui discutaient et s'épanchaient à propos de leurs problèmes maritaux sur le canapé de cuir beige du salon de Mme Kiyé.

Pourtant, aussi loin que je me souvienne, ma grand-mère fronçait les sourcils quand elle constatait le temps que je passais au téléphone avec des amies. Alors qu'elle-même pouvait passer des heures à écouter des femmes se plaindre de leur mari, de la vie en France, de leur situation financière, elle s'assombrissait dès que je passais plus de dix minutes au téléphone.

« C'est qui ? »

« Ah, UNE amie. »

« Dis donc, tu leur parles beaucoup à tes copines… »

Soupir.

« Mais qu'est-ce que tu as tant à leur dire ? »

22. Association familiales ou amicales qui proposent des prêts. Ces associations reposent sur la confiance et sur la solidarité des liens sociaux.

Aucune réponse ne la satisfaisait vraiment. Elle laissait passer un silence et puis : « Tu sais, tu n'as pas tant besoin d'amies que ça, hein, tu as ta mère et ta grand-mère ! ».

Puis, retentissait immanquablement la phrase suivante, prononcée d'un ton péremptoire : « Surtout quand tu seras mariée ! Il ne faudra surtout pas avoir d'amies, encore moins si elles sont célibataires ! Elles essayeront de te voler ton homme. »

Cette méfiance envers les autres femmes, surtout les femmes célibataires, était énoncée par une femme qui ne cotoyait quasiment que des femmes. Ma grand-mère était convaincue qu'une femme célibataire était forcément envieuse, non pas forcément de l'homme, mais de la position sociale que le mariage hétérosexuel offre dans une société patriarcale.

Disons-le clairement, ici « le mari » n'était pas tant vu comme une personne, mais plutôt comme une ressource, un moyen d'acquérir la stabilité financière et une position sociale que ma grand-mère jugeait enviables. Désolée messieurs !

Ce discours-là est omniprésent. Les rivalités féminines sont mises en scène dans les contes (pensez à Blanche-Neige !), les séries, les films...

Les contenus qui montrent des moments de camaraderie sont bien moins nombreux.

Le même contexte qui alimente (et disons-le, construit) les insécurités des femmes pour les rendre plus vulnérables, les distancie les unes des autres.

On nous apprend à détester notre corps, et celui des autres femmes aussi.

Les autres femmes sont les ennemies et les adversaires constantes.

Les autres femmes sont des potentielles Jézabel et autres concurrentes pour les miettes balancées par ceux qui ont le pouvoir.

Toutes les femmes. Celles qui potentiellement peuvent te « voler » ton mari.

Au-delà de la question de « l'amour », « voler ton mari » veut aussi dire : voler ta validation, voler ta capacité à exister socialement, voler ta porte de sortie qui évite le stigmate d'être une femme célibataire à chat à 45 ans, voler celui qui te permet de mettre un tampon de validation de ta féminité.

Ce qui, à mes yeux, explique en partie pourquoi les femmes sont si promptes à blâmer une autre femme lors d'une tromperie alors même que le responsable est celui qui trahit la confiance donnée et qui ment.

Non seulement à cause de la misogynie ambiante qui veut que toutes les femmes soient des potentielles tentatrices, mais aussi parce qu'on nous a appris à détester les autres femmes et leur corps.

Je n'ai jamais adhéré au discours qui explique que les femmes se détestent entre elles « par nature ». Dans un monde patriarcal et raciste, la plupart des ressources sont concentrées dans les mains d'hommes. Il faut avoir le meilleur homme, celui qui peut protéger matériellement (et donc physiquement), parce qu'on craint d'être seule. S'il faut absolument ne pas être seule, et que les hommes pouvant protéger (de la pauvreté, de la violence de la société, etc.) sont une denrée rare (ce qui est aussi construit et non pas naturel, mais cela nécessiterait un tout autre livre), alors il faut départager les femmes.

Il faut les classer et les diviser. Il faut les hiérarchiser.

Il faut exclure certaines de la catégorie « Femme ». Et il faut contraindre les femmes à participer à ce système de classement, de hiérarchisation.

Inconsciemment, il est inculqué aux femmes de briser les rangs avec toutes celles qui sont plus pauvres, plus grosses, plus « moches », plus difformes qu'elles. Celles qu'on ne voit pas. Celles qu'on fait mine de ne pas voir quand elles se font humilier par la clique des garçons populaires au lycée.

Les mêmes ensuite, toujours plus pauvres et non-blanches, qu'on va engager comme nounous ou femmes de ménage en leur confiant la partie de charge mentale et de tâches ménagères qui, incidemment, correspond à celle que « l'homme de la maison » se refuse à effectuer.

Nous ne sommes pas dans un monde qui peut permettre de créer la solidarité entre des femmes qui viennent du fin fond du Cameroun, pauvres, et qui essaient de créer une vie meilleure pour elles-mêmes et leur famille, et des femmes bourgeoises vivant par exemple dans le centre-ville de Lyon.

La réalité, c'est qu'avant même de parler de solidarité transnationale, les relations entre les femmes qui vivent en France sont déjà compliquées à créer.

Peut-être que si on devenait plus légères.

Peut-être que si on devenait plus minces.

Peut-être que si on se réduisait un peu plus...

Toilettes de boîte, cuisines et espaces virtuels : les lieux de la sororité temporaire ?

Avant le Covid, j'adorais aller danser. Dans les cuisines d'appartement, les pistes de danse de boîte de nuit, les bars un peu glauques… La danse était l'espace où mon corps et moi n'étions plus en constante dispute. Bien que j'aie toujours eu du mal à répéter les chorégraphies que je voyais à la télé, la danse était synonyme de joie et de fête. Ayant eu une enfance très festive, avec une grand-mère et une mère qui s'étaient appliquées à nous faire danser à chaque réunion de famille sur les chansons de makossa et de ndombolo venant de toute l'Afrique centrale, il était normal que danser soit une pratique qui me rende heureuse.

Quand j'ai eu 18 ans, lassée d'être coincée au fin fond de la Seine-et-Marne dans un petit village où la moyenne d'âge dépassait largement les 60 ans, mes amies et moi avons décidé de nous rendre dans des lieux où nous pourrions danser collées les unes sur les autres. Expérimenter ces formes de joie collective où se mêlaient témérité et insouciance. C'était l'ère pré-Covid, pré-couvre-feux, pré-attentats, l'ère où nous n'avions ni anxiété ni peur. L'ère où les foules des boîtes de nuit et des concerts nous rendaient vivantes.

Être une fille-cauchemar, c'est aussi se heurter à sa propre invisibilité dans l'espace de la séduction. Et puis, les soirées aidant, l'habitude s'installe. Et le plaisir de la danse, d'écouter une musique qui me plaît prend le dessus.

Parfois, tout de même, faire face à cette invisibilité m'est insupportable. Même si je suis là pour danser, j'avoue que je regarde avec envie et jalousie celles qui sont choisies. Parfois, la musique ne suffit pas, aller au bar, fermer les yeux en tentant de m'auto-hypnotiser ne suffit pas non plus.

Une sensation de malaise se propage dans tout mon être. Elle se fait de plus en plus pressante, elle pèse sur mon corps, sur mes pas. Alors mes gestes deviennent plus lourds, mon corps s'imperméabilise aux ondulations de la musique. Mes hanches sont coincées, rigidifiées, mon sourire s'affaisse de plus en plus.

J'ai beau m'enjoindre mentalement à profiter du moment, de la piste de danse, de la foule qui s'ébat, de la musique, la sensation d'inadéquation, de solitude presque, me serre la gorge.

Alors, je choisis de fuir, dans un espace où, même dans le temple sacro-saint de la chope hétéro, les jeux de séduction restent en général absents.

Je fuis dans les toilettes des femmes.

À force, la routine est bien réglée. Lorsque je suis avec mes amies, je prends n'importe quel prétexte : je dois aller me repoudrer le nez (blague, j'ai jamais de make-up), j'ai besoin de m'isoler, etc.

Il est temps de me lever, et de partir.

Les toilettes des boîtes de nuit sont des lieux dont l'atmosphère n'est tolérable qu'à partir de 3 heures du matin. La luminosité est juste assez élevée pour te remaquiller brièvement, trouver le chemin de la cuvette et le PQ, et ressortir quelques secondes plus tard.

Les murs, parfois recouverts d'affiches, de graffitis, d'insultes, de slogans gauchistes et de numéros racontent des histoires sans auditeurs ni auditrices. Dans d'autres boîtes, plus soucieuses de l'image de marque qu'elles veulent renvoyer, la peinture et les néons colorés viennent aseptiser le tout. C'est intéressant, les interactions qu'il peut y avoir dans les toilettes des filles. Sur la piste de danse, beaucoup de règles tacites planent entre les fumées et autres sonorités de musique commerciale. Il faut donner le change. Il faut avoir l'air de s'amuser. Il faut avoir l'air bonne (et en général, il faut avoir l'air plus bonne que la meuf à côté).

Les règles sont plus floues, là où la musique est moins assourdissante. L'effet du miroir à la propreté douteuse ou des lumières fluorescentes ? Le taux d'alcoolémie des occupantes du lieu ?

Peut-être. Peut-être qu'à force de gigotements dans la fille d'attente souvent interminable, peut-être qu'à force de frôlements dans les miroirs, peut-être qu'à force de compliments lancés en face d'une glace, les règles tacites qui régissent la piste de danse s'effritent dans les toilettes des filles.

Peut-être que derrière ces portes, il y a une ébauche de solidarité : s'aider à se remaquiller si besoin, échanger un sourire complice, parfois même venir au secours de l'une d'entre nous, totalement en détresse.

Les toilettes des filles des boîtes, nouvelle échappatoire pour les filles-cauchemar ? Je ne sais pas. Il faudrait nuancer. Après tout, le lieu est également propice à la comparaison entre les femmes. Évidemment. Souvent, cette sororité incongrue que j'ai pu voir naître a été parfois facilitée par l'alcool ou par la drogue. Et les toilettes des boîtes de nuit restent aussi, pour beaucoup de femmes, des lieux qui sont peu accessibles, ou même simplement des lieux d'un travail épuisant et peu reconnu.

Malgré toutes ces critiques, légitimes, je n'oublierai pas les nombreuses fois où je suis ressortie de ces lieux marginaux emplie d'une nouvelle énergie, requinquée. Comme si ces instants de sororité éphémères, ces secondes de contre-soirée, me redonnaient assez de force pour me tenir différemment, plus droite, changée. Comme souvent, il suffit de se tenir à la marge, et de réenchanter ladite marge pour voir le centre comme ce qu'il est : étriqué. Restrictif.

Après ces sourires, ces éclats de rire, ces compliments, ma gorge se dénouait, mes hanches pouvaient à nouveau surfer sur la mélodie, mes pas se faisaient plus assurés. Comme si mon corps savait que peu importait le jeu de la drague : il était possible de créer des alliances féminines à chaque instant et de redéfinir les règles du jeu.

Je ne peux m'empêcher de penser aux fois où je suis sortie, avec des amies d'une soirée, des petites, des grosses, de toutes origines, déterminées à danser, elles aussi faisant fi de l'idée d'aller trouver un compagnon, comme à des échappées éphémères.

Qui n'a pas eu la joie de hurler les paroles de *Work* de Rihanna avec une fille en sachant pertinemment que c'était la première et la dernière fois que tu lui adresserais la parole ?

Qui n'a jamais ressenti ce sentiment de joie, inexplicable, en entendant une autre complimenter ta robe, ta tenue ?

Qui ne garde pas, aussi, des souvenirs d'amies, d'un soir ou d'une vie, qui te permettent d'échapper à ceux qui ne comprennent pas un « non » ferme ou qui pensent que ton corps est leur parce que tu choisis de te trémousser ?

La joie collective des femmes éclôt souvent dans des espaces inattendus.

La Kiyémis qui se cachait dans les toilettes est loin à présent. Maintenant, je participe à des assises professionnelles sur les lieux de musique actuelle, et sur les clubs. Il y eut une grande discussion sur la question des violences sexuelles, sur comment faire des nuits des espaces plus inclusifs, et plus *safe*. À cette occasion, j'ai partagé ma vision, poétique, d'une nuit émancipatrice. Des nuits qui libèrent. Des nuits où flambe notre allégresse.

Et c'est ça qui est en jeu : comment faire en sorte que la joie des femmes, de toutes les femmes, même celles qui ne sont pas dans les canons de beauté, même celles qui ne sont pas valides, même celles qui ne sont pas hétéros, comment faire en sorte que cette joie ne soit plus restreinte à des interstices.

C'est cette joie-là qui doit être au cœur de la manière dont on repense les nuits, les clubs, et toutes nos vies, car c'est cette joie qui alimente notre solidarité.

Il faudra même sortir cette joie-là, cette sororité éphémère, des boîtes de nuit pour la voir débouler dans des espaces accessibles à tous et toutes.

Car cette solidarité, eh bien, elle change le monde, pour le mieux.

Vive les rondes

Avant l'avènement de Twitter, d'Instagram et de Facebook, des réseaux sociaux qui, finalement, reposent beaucoup sur la présentation de soi par rapport aux autres plus que sur une mise en contact, j'ai fréquenté plusieurs forums Internet. J'imagine que c'est souvent le cas quand on ne se sent pas bien, et qu'on n'est pas dans la norme. On essaie d'aller chercher le contact d'autres, qui ne sont pas dans la norme avec nous. Après avoir googlé plusieurs fois « Est-ce que les hommes aiment les filles grosses ? » et avoir survolé des horreurs dont je vous passerai les détails, je suis tombée sur ce forum : Vive les rondes. Tant de femmes qui avaient les mêmes interrogations que moi. Les mêmes doutes. Le même besoin d'être rassurées.

Plus qu'un forum, Vive les rondes était un groupe de parole en ligne, presque uniquement composé de femmes, qui s'interrogeaient sur leur besoin d'être aimées, mais pas seulement. Dessus, j'ai pu trouver des informations qui n'étaient accessibles nulle part ailleurs. Sur ce site, les femmes grosses existaient. Elles n'étaient pas condamnées à être des « *Before* » de pubs de régime et des filles repoussoirs. Ne nous mentons pas tout de même, Vive les rondes n'était absolument pas un paradis féministe, et il ne prétendait pas l'être. À l'époque, ce n'était pas ce que je recherchais (rappelons-le, j'étais tombée dessus après une recherche frénétique sur une envie de conclure avec un *crush*). Mais il m'a apporté ce qui n'existe, encore maintenant, pas assez à mon goût : une vitrine sur ce que veulent et vivent différentes femmes grosses.

Par hasard, en allant sur ce groupe, le site me propose de m'abonner à sa newsletter et de rentrer dans une sorte de club en ligne.

Dans ce club, peu à peu, une communauté exclusivement réservée aux femmes commence à se créer : *Madmoizelle*.

Ce forum est un espace virtuel où les jeunes femmes, qui ont environ entre 18 et 25 ans peuvent se réunir. Souvent, ces femmes, comme sur de nombreux autres forums, ont des pseudonymes. L'idée, qui je pense en 2022 peut paraître assez folle, c'est qu'on puisse échanger avec des règles de bienveillance, sans trop savoir vraiment qui on a en face de soi.

Les réseaux comme espace pour se retrouver et construire des rêves d'utopie

Des nombreuses pièces et sous-pièces sont créées sur *Madmoizelle*, et de nombreux sujets sont abordés. C'est là où j'ai pu rencontrer la pensée de nombreuses féministes. Des féministes dites « conventionnelles », mais aussi des féministes beaucoup plus radicales. Cet espace, à l'époque, souhaitait promouvoir une forme de bienveillance envers les femmes. Entre toutes les femmes.

Toutes derrière des pseudos, avec des images qui cachaient nos têtes. Nos mots, nos écrits, nos conseils, pour seuls outils. Évidemment, ces outils sont aussi situés sociologiquement. Sur Internet, on a plus tendance à respecter quelqu'un qui ne fait aucune faute d'orthographe et qui maîtrise les codes de la rédaction. Pourtant, une chose m'apparaît, avec le recul, comme évidente : sur ces sites, je n'ai su que rarement à quoi ressemblait la jeune fille ou la femme qui me parlait. Sur ces sites, les sujets sur l'amour étaient légion mais se côtoyaient avec d'autres où la question du regard et de la validation masculine n'était que très accessoire. Sur ces sites, les jeunes filles et femmes étaient aussi libres de dire qu'elles n'étaient pas hétérosexuelles et qu'elles étaient attirées par d'autres femmes. Sur ces sites, les hommes avaient disparu, et la plupart du temps, les photos des femmes et la présentation de soi destinée aux hommes aussi. Sur ces sites, la parole des intervenantes n'était que très rarement coupée.

Dans ces espaces, mes complexes, ma sensation de prendre trop de place, disparaissent. Je n'ai plus besoin de me réduire pour exister.

C'est dans ces espaces que j'ai pu rencontrer des personnes qui militaient. Des femmes féministes, des antiracistes, des afroféministes, des militantes queer… ces espaces débordaient de diversité.

Il est souvent reproché aux personnes marginalisées de vouloir se « replier sur elles-mêmes ». Les personnes non-blanches comme les personnes LGBT sont parfois accusées d'être communautaristes. De vouloir « se séparer » (puisque c'est le nouveau mot à la mode) du reste de la société, ou plus exactement en vérité de ceux que la différence met mal à l'aise. J'entends souvent un discours qui minimise beaucoup les conséquences du rejet sur les personnes qui le subissent et qui diabolise les stratégies qui visent à se protéger.

Je trouverais ça amusant si ces discours n'étaient pas tenus par des gens qui se moquent totalement de régler les questions de discrimination, et qui au fond, pensent que le problème c'est de ne pas ressembler à la norme !

En comprenant comment on en était arrivé là, dans un monde où les inégalités et les injustices sont encore bien trop présentes, j'ai été en colère. J'ai été en colère pendant bien longtemps. Cette colère, elle était positive. Elle était légitime bien qu'extrêmement douloureuse à vivre psychologiquement. Voir à quel point le monde n'est, de fait, pas conçu pour toutes ces personnes qui ne sont pas dans la norme, et tout particulièrement dans les normes de beauté, est violent. Il n'empêche que cette colère est la preuve, l'expression parfois première, d'un désir de changement. C'est ce que proposent l'afroféminisme, le féminisme et les mouvements body-positives, une transformation du monde.

En découvrant l'histoire du mouvement de l'acceptation des personnes grosses, en me plongeant dans ces textes fondateurs, j'ai découvert des militants et des activistes qui se battaient pour construire un monde où toutes les formes de corps seraient acceptées.

Ces espaces féministes et antiracistes sont exigeants. Ils ne sont certainement pas exempts de conflits, de contradictions. Ce n'est clairement pas le monde des Bisounours, parce que les femmes, entre elles, sont des êtres humains faillibles, capables de toxicité et de violences, et parce que ces sujets sont chargés émotionnellement et que celles et ceux qui militent n'ont pas tous les mêmes blessures.

Pour autant, le rêve de construire un monde où toutes les femmes, quelles que soient la forme de leur corps, leur compte en banque ou leur ethnie, aient leur juste place, reste tellement désirable ! Pour nous qui vivons et pour les autres qui viennent après nous.

La solidarité pour laquelle je me bats défait, du moins tente de défaire, ces réflexes de repli sur soi.

Dans ces espaces, il y a une volonté de construire un monde abondant. Abondant de ressources, abondant de bienveillance, abondant d'amour pour les autres. Abondant, tout simplement.

Est-ce que cela veut dire que ces espaces sont parfaits ? Pas du tout. Les dynamiques d'oppression et les conflits interpersonnels ne s'arrêtent pas à la porte des réunions féministes, ou afroféministes. Mais nous y travaillons.

C'est dans ces mouvements, poussés dans les marges, que j'ai pu construire une vraie réflexion sur la place de nos corps, sur la façon dont ils sont vus. Comment certains corps, plus noirs, plus gros ont été écartés de la norme.

Quel bonheur ça a été de découvrir le travail de bell hooks. Son livre, *Killing Rage*, a répondu à une envie explosive de justice que je n'arrivais pas à formuler. Elle a mis des mots sur des émotions que je pensais indicibles et inaudibles. Quelle joie aussi de découvrir des femmes grosses, militantes comme Jes Baker ou Tess Holliday. Quelle joie de découvrir qu'il existe tout un champ de la sociologie qui traite de la question de la grossophobie, de lire une anthologie de textes sur le body-positive comme *The Fat Studies Reader*. Parce que la moi de 18, 20 ou 22 ans avait besoin de recevoir ce genre de discours. Un discours qui remettait en cause la violence exercée sur les corps gros.

Les mots d'autres femmes, bien que lointains, ont remis en question cette haine de mon propre corps. Une haine que j'avais normalisée, et qui, hélas, reste normale pour énormément de femmes.

Rendre hommage au travail de pédagogie et de transmission, surtout sur Internet, me paraît capital. Tout d'abord parce qu'on néglige le travail des femmes, y compris le travail intellectuel et de pédagogie des militantes. Derrière toutes ces autrices, combien de discussions avec des militantes anonymes, combien de tweets, combien de *threads* coup de gueule m'ont ouvert des perspectives sur les questions de sexualité, de race et de féminisme ?

Des autrices comme Roxane Gay ou Laura Nsafou, des blogueuses comme MsDreyful, Many Chroniques, Trudy de Gradient Lair, des activistes comme Fania Noël et Sharone Omankoy ont ouvert des portes mentales à toute une génération de féministes et d'afro-féministes, et ce travail est rarement souligné. Vivre dans un espace où toutes ces femmes brillent par leur intellect, leur charisme, leur finesse d'analyse, rend plus simple la remise en question de ce que l'on considère comme étant « normal » et presque « naturel ». Les côtoyer m'a permis aussi de faire taire la petite voix qui me disait que je ne valais rien et que je ne méritais rien.

Voir des femmes comme Rokhaya Diallo, Amandine Gay ou Christiane Taubira se tenir droites, malgré tout, renvoyer la balle, répondre, est profondément inspirant. Mais les piédestaux sont dangereux, pour celles qui les élèvent comme pour celles qui y sont placées. Je ne m'y attarderai pas. À travers ces hommages, il faut voir des exemples de ce que les communautés de femmes peuvent produire. Car aucune de ces femmes, aucune des féministes de ma connaissance, n'y arrive sans une myriades d'autres femmes qui existent autour d'elles.

Je ne crois pas aux étoiles solitaires. Je crois aux galaxies qui brillent de concert.

Le mouvement nappy

Regardons le mouvement du cheveu naturel et celui de la grossophobie ! Ces deux mouvements concernent des caractéristiques physiques spécifiques, et interrogent tous les deux, chacun à sa manière, les codes de beauté, et comment ceux-ci ont des conséquences profondes sur la vie des personnes.

On a tendance à considérer ces deux mouvements spécifiques comme ayant des revendications superficielles. C'est mal connaître l'histoire du mouvement du cheveu crépu, présent depuis les années 1960 et 1970, qui accompagne le mouvement des droits civiques avec notamment le slogan « *Black is beautiful* ». De même, le mouvement body-positive est directement issu du mouvement de lutte contre les discriminations des personnes grosses, présent notamment aux États-Unis et au Royaume-Uni depuis la fin des années 1970. Ces mouvements surgissent des marges et ils reposent tous les deux sur une prise de conscience collective et un mouvement social plus large. Dans leurs ré-émergences à la fin des années 2000 et pendant toutes les années 2010, ce qui leur a donné de la puissance, c'est le nombre. Le nombre de personnes qui s'échangeaient des connaissances sur les cheveux, le nombre de blogueuses, le nombre de groupes formels et informels qui essayaient de construire un discours contre les discriminations raciales et contre la grossophobie.

Alors, il y a eu des rencontres, il y a eu des salons, il y a eu des foires, il y a eu la *Natural Hair Academy*, cette immense rencontre annuelle où des femmes noires de toute la région parisienne se rejoignaient pour des conférences, des meetings, un DJ set.

Il faut imaginer le choc que cela peut être de voir des centaines et des centaines de femmes qui portent fièrement leurs cheveux crépus, dans un cadre aussi beau que celui du parc de Vincennes.

Colonies de vacances et corps imparfaits

Anne-Laure Pineau, une journaliste que j'ai eu la chance de rencontrer à l'occasion d'un épisode du podcast *Quoi de Meuf* sur les camps d'été et les colonies de vacances, sorti à l'été 2020, m'a raconté la fois où elle était partie faire une croisière, organisée par des femmes lesbiennes.

Les organisatrices, lassées par le jeu des plages et des boîtes de nuit, hauts lieux des normes restrictives sur nos corps, avaient décidé de créer leurs propres camps de vacances.

Les femmes étaient toutes entre elles, avec des formes de corps différents, et se baignaient ensemble.

Certaines d'entre elles étaient poilues.

Certaines d'entre elles étaient grosses.

Et toutes ont apprécié ce moment où elles n'étaient pas évaluées selon les normes.

Personne pour leur dire qu'elles étaient « courageuses » de faire ça, « courageuses » de vivre dans leur corps.

Juste elles, qui gambadaient librement. Ensemble.

En écoutant son récit, je les ai imaginées. Profiter de la plage, avec des amies, sans se prendre la tête pour savoir qui jaugeait et épiait leurs corps. Je me suis fait un petit film en me demandant ce que ça me ferait à moi, de ne pas me prendre la tête sur le fait de savoir que « mon corps est trop gros », « hors des normes ». Moins de temps à porter des tee-shirts trop grands pour me cacher, à me tortiller sur la serviette de plage pour que l'on voie le moins possible ma cellulite et mes cuisses de la taille du Texas.

Je me suis imaginée à la plage sans avoir à construire mentalement cette forteresse entre moi et les autres, à m'encourager silencieusement, et à ignorer tous les regards.

J'avoue que je me suis sentie emplie d'une immense envie. J'étais jalouse de ma collègue ! J'enviais ces moments que ces femmes avaient vécus où leurs imperfections étaient célébrées, ensemble. Ces espaces reposaient sur la bienveillance envers soi, à l'inverse de certains groupes féminins qui construisent une forme d'intimité basée sur la détestation partagée de leur corps. J'enviais ces moments de liberté.

Et puis, plusieurs questions me sont venues.

Combien coûtaient ces moments de liberté ? Qui avait les moyens de s'enfuir, même temporairement, dans un espace plus protégé ? Rapidement, cette jalousie s'est transformée en espoir. En désir.

Elle me décrivait le monde de celles qui avaient rompu les rangs, même temporairement, malgré le diktat imposé par les magazines et autres agences de com, qui je le répète, n'ont pas pour but de nous aider à nous épanouir.

Ce monde-là était désirable. Je me suis dit que l'on pouvait toutes construire, à notre échelle, ce monde. Ce n'est clairement pas facile. D'abord parce que celles qui tiennent ce discours sont diabolisées. En ville, aux repas de famille, au travail... Encore maintenant, les féministes sont souvent montrées du doigt comme des « mal-baisées », des « grosses », des « moches », des « lesbiennes poilues ». Les afroféministes sont montrées comme des sauvages, constamment en colère, parfois pire, des « séparatistes ». En clair, des filles-cauchemar, ce qui permet d'empêcher la solidarité. Il faut les rendre peu aimables. Peu aimables aux yeux des autres, femmes comme hommes, pour rendre leurs objectifs et leur discours inaudibles.

Pourtant, cet autre monde, le monde où les grosses, les lesbiennes, les meufs poilues et toutes les autres pourraient vivre et profiter de leur corps librement, est si désirable ! Pour beaucoup d'entre nous, abandonner quelque chose de connu, briser cette habitude inculquée de haïr nos corps et celui des autres semble quelque chose d'inimaginable. Aller à l'encontre de mécanismes multiséculaires ne vient pas en claquant des doigts, ne vient ni en un mois, ni en six mois. Alors soyez bienveillantes avec vous-mêmes, car la parfaite petite militante body-positive, afroféministe n'existe pas.

C'est ce que j'essaie de faire, dans le cadre de mes ateliers d'écriture. En laissant les femmes s'asseoir comme elles le veulent, en les incitant à prendre la place, que ce soit sur le papier et ensuite en lisant leurs propres textes à voix haute, j'ai eu envie de trouver ce morceau de colonie de vacances à laquelle je n'avais pas pu assister.

Alors oui, la plage est rarement à portée de main. Oui, nous ne nous ébattons pas, ou du moins pas encore, en maillot de bain.

Mais la démarche est la même : derrière l'envie de partager mon amour de l'écriture, j'ai eu envie, moi aussi, de créer les espaces de liberté et de valorisation de soi que j'avais tant enviés. J'essaie de les rendre le plus accessibles possible à toutes, pour créer de la communion, de la communauté, une solidarité entre toutes les participantes.

Et quand je les vois, ces écrivaines en herbe, novices ou confirmées, se tenir debout et utiliser leur corps pour déclamer fièrement leurs mots, leurs textes, leurs brouillons imparfaits, je me dis que c'est possible.

Oui, c'est possible de créer un espace où nos corps sont glorifiés pour ce qu'ils sont : des moyens de se lier et de rencontrer les autres, pour frissonner ensemble. Cette expérience m'a fait comprendre quelque chose : chacune d'entre nous peut tenter de se défaire de ces normes corporelles et reconstruire une plage où les autres femmes viendront s'ébattre en liberté.

L'héritage de ma mère

Dans les toilettes de l'appartement dans lequel je vivais, enfant, était affiché un énorme poster d'un homme noir. Au-dessous de sa photo, il y avait un texte, écrit en anglais, en noir sur un fond blanc. Je m'appliquais à le chanter en phonétique, enfant. Je n'étais pas bilingue, mais je trouvais que les syllabes valsaient dans ma bouche. J'avais l'habitude d'entendre des mots et des langues que je ne comprenais pas. Ma mère était fan de soul. Mon père, de nationalité camerounaise, parlait nyokon, sa langue natale, avec ma grand-mère. Se concentrer sur la musique des mots plus que sur leur sens, moins accessible, faisait partie de la routine.

Le texte n'était qu'une chanson de plus, j'imagine.

Un jour, un peu plus vieille et plus curieuse, j'ai demandé à ma mère ce que voulait dire le titre.

Je me souviens de son sourire quand elle m'a dit : « Ça veut dire : "J'ai fait un rêve." »

Je ne me souvins pas exactement de ma réaction, mais j'ai certainement dû hocher les épaules.

« Faire un rêve » semblait, à la fillette que j'étais, plutôt anodin.

Voir une photo d'un homme noir qui déclamait un discours aussi.

J'ai continué à lire le texte, puisqu'il était dans un endroit aussi prosaïque que les toilettes. J'ai commencé à apprendre l'anglais, et ma mère (toujours elle), refusant de regarder les films en version française, nous a forcés à déchiffrer la langue.

Petit à petit, c'est ainsi que j'ai appris à comprendre le texte de celui qui avait un rêve. Rétrospectivement, je me demande le nombre de personnes qui ont choisi de mettre un discours politique de Martin Luther King dans leurs toilettes.

Et je continue à rire en pensant à la fois où ma mère m'a regardée avec étonnement lorsque je lui ai dit que j'étais afroféministe. Il faut la comprendre. Ma mère n'est pas quelqu'un qui est engagé dans un parti politique. Elle ne se définirait pas comme militante. C'est pourtant elle qui m'a éveillée aux idées féministes et antiracistes.

C'est elle qui m'a dit, la première, qu'il faudrait en faire plus. Toujours plus. C'est elle qui a brisé le mythe de la méritocratie française, dans lequel je baignais naïvement. Elle qui m'a donné les clés pour comprendre que la vie, ce n'était pas « liberté, égalité, fraternité » comme c'était inscrit sur les frontons des mairies. Elle aussi qui m'a convaincue que je devrais me battre, et que j'avais les clés pour me battre contre ces injustices. C'est marrant, ce qu'on hérite des femmes qui sont autour de nous, quand on daigne écouter ce qu'elles ont à dire. Les femmes plus âgées ont subi, elles aussi, l'épreuve du patriarcat et du racisme.

Adossée au plan de travail, son torchon à la main, ma mère me serinait de ne pas avoir peur.

Ne pas avoir peur.

Dans un monde patriarcal et raciste, pour une femme, lutter de toutes ses forces contre la peur, c'est presque impossible.

Comment ne pas avoir peur des autres, peur de soi, peur de l'imperfection, peur de vieillir, peur des violences, peur de ne pas être aimée ?

Comment ?

Elle ne m'a pas donné de formule magique. À l'époque, je ne la croyais pas. J'ai eu peur tant de fois, une vraie froussarde. Et pourtant c'est un vrai cadeau. Une véritable proposition de société.

Construire un monde où les femmes noires n'auront plus peur d'être « trop ». Trop voyantes, trop bruyantes, trop exigeantes, trop en demande.

Mes parents ont cultivé un terreau qui a permis l'éclosion des idées féministes et afroféministes, qui sont venues bien plus tard.

Elle avait à cœur de me transmettre des outils et des clés, qui me serviraient plus tard. Et quand bien même, elle n'avait pas forcément tout déconstruit, ces graines de réflexion m'ont permis de contextualiser et de faire résonner tout le travail des féministes noires américaines et britanniques que j'ai découvert des années plus tard. On met souvent en lumière les travaux du féminisme noir, de Patricia Hill Collins, de Kimberlé Williams Crenshaw, ou encore de militantes comme Claudia Jones ou d'Awa Thiam. Mais avant tout ça, avant d'avoir ouvert le livre d'Elsa Dorlin sur l'anthologie du féminisme noir, avant même d'avoir lu le blog de MsDreyful, féministe noire française qui a permis de répandre les théories et les réflexions afroféministes sur l'Internet francophone, c'est bien dans les cuisines de ma mère qu'ont été semées en moi les graines de ce qu'on appellerait un peu plus tard l'afroféminisme.

Ainsi, lorsque j'ai lu le titre de l'essai de Fatima Ouassak, *La Puissance des mères*, j'ai eu un grand sourire. Il est beaucoup plus fréquent de présenter les mères comme celles qui transmettent des normes patriarcales plutôt que comme des sujets révolutionnaires ! Dans la mesure où la charge parentale reste inégalement répartie dans les couples hétérosexuels, cela paraît presque évident d'accuser les femmes de la transmission de codes patriarcaux, grossophobes et coloristes. Après tout, je l'expliquais en début de livre. Oui, souvent, celles qui se chargent de l'éducation peuvent transmettre les normes qui les oppressent à leurs enfants (parfois à leur corps défendant).

Oui, souvent, la maison peut être un espace où la violence sexiste et raciste jaillit brutalement et nous marque.

Pour autant, les espaces familiaux peuvent à la fois être ces lieux où le sexisme et le colorisme existent, et des espaces de protection et de résilience. Ils peuvent être des espaces où on apprend aux femmes à prendre toute leur place, sans avoir peur, ni d'elles-mêmes, ni de leur corps.

Il ne tient qu'à nous de redéfinir ces espaces, redéfinir le mot famille, reconstruire nos maisons et les rendre plus belles, plus larges, pour nous, et pour toutes celles qui y vivront après nous.

Chapitre 5

La perfection, c'est surcoté

La honte malgré les réussites

À l'automne 2019, j'ai eu la chance d'être invitée à performer mes textes au Cabaret de Poussière, un spectacle humoristique, poétique et militant monté par Martin Dunst. C'était la première fois que j'allais lire les poèmes de mon premier recueil, *À nos humanités révoltées*, devant un aussi grand auditoire.

J'aurais dû être ravie d'avoir accès à une telle opportunité. J'aurais dû accueillir mes amis, qui avaient décidé de venir à la dernière représentation pour me soutenir, avec joie et enthousiasme. J'aurais dû sauter partout, me sentir fière du chemin accompli depuis ma chambre avec lits superposés lorsque j'étais gamine.

Eh bien, non.

J'étais épuisée. J'avais passé des journées à ne pas pouvoir bouger, immobilisée par le stress et l'angoisse, des millions de voix tournant dans ma tête. Tout était devenu difficile pendant cette année 2019. Me lever, ouvrir les volets, sourire, et raconter des choses. J'arrivais à donner le change lors de mes quelques sorties, et puis, je retournais dans ma chambre, les volets fermés, sans avoir la force de faire quoi que ce soit d'autres que de dormir.

Il n'y a pas à dire, la dépression, mâtinée de ce bon vieux syndrome de l'imposteur, c'est bien une garce.

Monter sur scène, lire mes textes, m'avait demandé une énergie considérable. J'avais réussi à faire temporairement taire ces voix dans ma tête qui me disaient que j'étais trop grosse, trop ceci, trop cela. Je n'avais plus aucune énergie. Même pas pour me féliciter.

Étant au chômage depuis des mois, je n'avais pas grand-chose à faire à ce moment-là, pas beaucoup d'argent et le mieux, c'était encore de rester dans mon lit à dormir.

Quelques jours plus tard, les photos de la représentation au Cabaret de Poussière ont été postées sur les réseaux sociaux. J'étais tiraillée entre deux sentiments : cliquer sur les photos qui m'allaient pour les publier sur Internet (la validation extérieure étant à l'époque une béquille brinquebalante sur laquelle je m'appuyais tant bien que mal) et la détestation de mon corps et de moi-même.

Ce tiraillement me travaillait : je pensais que mon corps ne valait rien et pourtant j'étais avide de voir des inconnus me valider. Le mécanisme est connu : séquence de honte de moi-même, post sur les réseaux sociaux, en guettant chaque *like* et chaque notification. Souvent, lorsqu'on a une image dégradée de soi-même, on espère que la validation des autres, des amis, ou même d'inconnus sur Internet palliera ce vide que l'on ressent. Malheureusement, cette stratégie ne marche que de manière éphémère.

A contrario, lorsqu'on m'a demandé pour la première fois de rejoindre l'équipe du podcast féministe et intersectionnel *Quoi de*

Meuf, j'ai immédiatement accepté. D'abord parce que, tous ceux qui me connaissent de près ou de loin le savent, je suis extrêmement bavarde. Ensuite, parce que je me suis dit que le podcast était un média qui me plaisait beaucoup : je pourrais y parler de mes idées sans me soucier de ce à quoi je ressemblais. Je n'avais pas à réfléchir au look que je devrais avoir, pas à me soucier de la photo de moi que j'allais poster sur les réseaux sociaux, pas à me demander si j'allais encore recevoir des commentaires désobligeants sur mes cheveux, ma peau, mes dents. Je n'avais pas besoin de porter un masque. Le micro est mon allié, alors que la caméra est un adversaire avec lequel je dois sans cesse ruser, et contre lequel, très souvent, je perds. Le micro me permettait de prendre la place tout en cachant mon corps.

Ainsi, donc, après avoir écrit des pages et des pages sur le body-positive, après avoir partagé des images et des images de femmes grosses sur les réseaux sociaux, après avoir passé tant de temps à échanger des mots d'encouragement avec des amies, des proches et des inconnues… je continuais à détester mon corps. Cette détestation était telle qu'elle m'empêchait aussi de célébrer de manière sereine des accomplissements de ma carrière naissante d'autrice et poétesse.

S'arrêter un instant

Ce sentiment m'a poursuivie en 2020. Le Covid a frappé, et prise d'une angoisse comme rarement j'en avais ressenti, je suis restée chez moi pendant six semaines. Je me souviens qu'entre mars et mai 2020, je n'ai regardé que les quatre coins de mon appartement parisien. Pendant que tout le monde s'échangeait des routines yoga et autres cours de sport à distance, eh bien… j'ai payé un abonnement à une application de sport que j'ai dû ouvrir deux fois.

Sans mouvements, tétanisée par cette angoisse d'une maladie extrêmement contagieuse, je dormais extrêmement mal.

Tout ça pour dire que deux mois après mon corps était mal en point et que j'avais du mal à bouger.

Les infos terrifiantes sur un virus mortel m'ont temporairement chassée de Twitter. Comme tout le monde, en sortant du confinement, je rêvais d'interactions amicales. Le printemps 2020 avait été exceptionnellement beau, comme pour narguer toutes les personnes qui ne pouvaient mettre le nez dehors, et j'avais envie de retrouver mes amies et l'ambiance bouillonnante de la capitale.

Avec une amie, nous avions décidé de nous revoir pour une sortie à l'extérieur.

Je savais mon corps mal en point.

Je savais qu'une balade serait plutôt douloureuse pour lui et que ce ne serait pas un moment agréable.

Pourtant, j'avais honte. Tous ces mèmes sur les « gros qui se laissent aller » et la peur de la prise de poids embrumaient mon cerveau. Je ne voulais pas montrer à quel point, moi aussi, je « m'étais laissée aller » pendant cette période. Alors, je ne lui ai rien dit et ai accepté cette idée de balade. Après tout, la promenade était conseillée, non ?

Au bout de dix minutes de marche, je n'en pouvais plus. Je transpirais à grosses gouttes. Des tiraillements cisaillaient le bas de mon dos. Ma cheville droite n'arrivait pas à me tenir. Mes genoux me faisaient mal. J'avais même du mal à parler en marchant, car j'étais essoufflée. En tant que personne grosse, c'est l'une des choses que tu as envie d'éviter. Je me balade avec des paquets de mouchoirs et du déodorant et veux faire le moins de bruit possible pour éviter de coller au « cliché de la grosse ». Souvent, j'étais même prête à prendre les plus petites bouffées d'oxygène possible pour ne pas renvoyer cette image dont j'avais honte. Là, je n'avais pas de mouchoir. Mon corps était avide d'oxygène, j'avais chaud, j'étais mal à l'aise, j'avais mal... Et j'ai vu une pointe de jugement dans le regard de mon amie mince, qui, elle, traversait le quartier à grandes enjambées.

De nouveau, les voix dégradantes.

Était-ce moi qui projetais ou qui surinterprétais ce regard ? Je ne me suis plus sentie comme son amie, brièvement. Du moins, je n'ai plus vu ce regard chaleureux qui a été le sien pendant une dizaine d'années. Je l'ai vue me regarder comme on regarde une grosse.

J'étais juste une grosse, qui marchait lentement, qui avait mal au dos, qui avait tout provoqué par sa faute et qui méritait d'être jugée.

La honte s'est engouffrée dans tout mon corps, s'est insinuée lentement dans mon cerveau. J'aurais dû être contente d'avoir traversé cette épidémie. Contente d'enfin la retrouver, d'être ensemble. Au contraire, j'avais honte de la ralentir. Même après avoir lu toute la littérature inclusive et toutes les publications Instagram du monde sur l'amour de soi.

Mars, avril et mai 2020 ont été des mois assez particuliers pour énormément d'entre nous. Nous avons été forcés de nous arrêter et de rester dans des espaces qui ont souligné des inégalités de genre et des inégalités socio-économiques. Le retour à la maison a été synonyme pour énormément de femmes de retour des rôles genrés (notamment de la prise en charge des tâches domestiques). De la même manière, les problématiques du droit au télétravail, de la rémunération de celles et ceux « en première ligne » qui n'ont pas arrêté de travailler ont été énormément discutées. L'une des injonctions principales, qui demeurait pourtant, est celle qu'il ne faut pas s'arrêter. Il ne faut absolument pas s'arrêter de travailler, même si on est isolés, même si on vit une pandémie mondiale, il faut absolument produire. Il faut produire des richesses économiques (ce que je peux comprendre) coûte que coûte, et il faut produire du contenu. Il faut montrer que, même si on est arrêté et en télétravail, on « sert » à quelque chose. On fait « quelque chose ». On apprend à faire des pâtes et du pain maison, on apprend l'italien, on FAIT. De la même manière, il faut produire de la super Bonnasse. Il faut montrer qu'on fait du yoga, du Pilates, il faut quand même préserver le *summer body* à tout prix !

Pourtant, à ce moment-là, j'entends plusieurs femmes, dans mon entourage sur les réseaux sociaux expliquer qu'elles ne se maquillent plus. Les magasins étant fermés, les déplacements étant limités au strict minimum, l'industrie de la mode et de la beauté marche au ralenti. Ce qui apparaissait comme un besoin semble frivole et inutile. Cela se ressent d'ailleurs sur les ventes.

Alors que nous devions nous replier sur nos espaces très restreints, nous devions moins faire attention à modeler nos corps pour leur faire atteindre la « perfection » vendue par les fabricants de maquillage. Dans cette période, j'ai écrit le poème « Bye-bye bikini body », dans lequel j'ai relayé cette envie de laisser nos corps en jachère. Au repos plus précisément. Cette notion de repos du corps et des corps, et surtout l'idée que ce repos est un droit incontestable, m'a été inspirée par le compte Instagram The Nap Ministry. Ce compte invite à se questionner sur la place de la productivité et de la surproductivité attendue des uns et des autres. Et si au-delà de ces brefs mois, certaines femmes s'étaient dit « Je décide de ne plus produire de la beauté, je décide de faire une pause » ? Allons plus loin, et si certaines s'étaient même dit « Je n'ai plus besoin de produire ce type de masque parce que d'autres choses sont prioritaires et que cela ne me définit pas à cet instant T » ?

Imaginez une grève massive de l'épilateur, de la gaine, et de la machine à ventouse ! Imaginez un monde où on laisse vraiment nos corps se reposer, et pas seulement quand on sait que l'on peut les cacher. Autoriser nos corps à ne plus souffrir.

Je me suis emballée à l'époque. Comme beaucoup, je me suis dit que cette période permettait de questionner des évidences. Lorsqu'on fait un pas de côté et que l'on voit que le monde continue de tourner, ça nous permet de nous interroger.

Et puis la période s'est tue et les appels à la « relance » se sont faits assourdissants. J'ai retrouvé mes rasoirs et mes rouges à lèvres, je l'avoue. Il m'est difficile de recracher un message que j'ai dû ingérer pendant des années.

Avoir honte et être féministe, est-ce compatible ?

À l'occasion d'une interview vidéo pour le lancement du magazine féministe *Gaze*, j'ai rencontré une photo journaliste avec qui j'ai eu l'occasion de discuter. Elle allait sur des terrains de guerre pour recueillir les voix et les témoignages de femmes qui se trouvaient sur des lignes de front. Elle devait se confronter au sexisme de l'armée et du milieu de la Défense. Elle me parlait des photo journalistes qui voulaient lui expliquer la vie. Je la trouvais extrêmement impressionnante. Juste avant de commencer l'interview avec Clarence Edgard-Rosa, la fondatrice du magazine, nous avons discuté de nos propres rapports au corps. Je lui ai avoué sans honte que, malgré mes années de lecture et d'écriture sur le sujet du body-positive, j'étais toujours mal à l'aise à l'idée d'être filmée ou prise en photo par d'autres. Elle m'a avoué qu'elle aussi, malgré son féminisme et son soutien aux idées de l'acceptation de tous les corps, elle avait très mal vécu une prise de poids passée. Je sentais chez elle un malaise et une forme de honte lorsqu'elle m'expliquait cela. Elle se sentait un peu coupable de l'avouer d'ailleurs, ayant l'impression de trahir ses idéaux féministes.

À première vue, cela peut paraître étrange d'écrire un livre sur les complexes en ayant pour espoir de changer (un peu) les mentalités. En espérant participer à ce grand mouvement d'acceptation de soi et de son corps.

Et de continuer à penser que son corps est laid.

En continuant de se faire violence mentalement sur ce corps.

En continuant à porter des petites poches de honte.

Honte de la cellulite d'abord.

Honte de mon ventre.

Honte du gras du dos.

C'est fou comme la honte est adhésive. Elle se niche dans tant d'endroits, tant de parties de nous, qu'on a presque l'impression qu'elle fait partie de nous. La honte teinte notre manière de voir nos corps, les aliments que l'on mange, et même notre démarche et notre manière de se mouvoir dans l'espace.

La vérité, c'est que beaucoup de nos comportements reposent sur la honte. La honte, c'est la base. J'irai même plus loin, la honte, c'est la norme. La honte est ce sentiment que l'on apprend à ressentir en grandissant. Je l'ai expliqué plus haut, la honte est un outil social très fort, qui enjoint tous et toutes à courber l'échine et à rentrer dans les cadres de la norme.

La honte n'est donc pas juste un sentiment individuel même s'il nous concerne personnellement. La honte est un sentiment qui est construit. S'en libérer passe par reconnaître que nous vivons dans une société qui fonctionne grâce à la honte et l'humiliation, notamment en ce qui concerne le rapport au corps chez les femmes, mais pas uniquement. Évidemment, le sentiment de honte utilisé pour asseoir une hiérarchie sociale ne se limite pas qu'au rapport aux corps, ni aux femmes. Les rapports de classe, le racisme, le validisme, assoient aussi certaines hiérarchies sociales par la honte.

Nous existons dans un monde qui, comme je l'ai expliqué précédemment, met sur un piédestal l'éternelle jeunesse, qui invisibilise spatialement, socialement et médiatiquement la vieillesse féminine. Nous sommes dans une société qui met sur un piédestal la minceur, ce qui provoque chez de nombreuses jeunes filles et jeunes femmes un mal-être et des troubles du comportement alimentaire.

On a honte de vieillir, on a honte de grossir, on a honte d'avoir l'air... hors de la norme.

La honte nous éloigne des solidarités que l'on pourrait créer, notamment entre femmes, mais également avec les hommes.

La honte nous fait rentrer dans les rangs étroits de la culture de la diète. La honte est un outil qui nous fait rentrer dans le rang.

La perfection, c'est surcoté.

Le désir de minceur

Au moment où je vous écris, nous sommes à l'été 2021 et je suis agréablement étonnée de voir que des marques comme H&M ou Zalando décident enfin de changer leurs campagnes de publicité en mettant des corps gros dans les pubs qui passent sur YouTube.

On pourrait penser que ça y est, la société avance un peu. Tout le monde ou presque me parle de femmes comme Yseult ou Lizzo et tant mieux. Je suis ravie. Certaines personnes pensent que, un peu comme on le disait du racisme lors de l'élection de Barack Obama : « Si ce type de figure existe, ça veut dire que la grossophobie a disparu, pas vrai ? »

Ça y est, plus besoin de rêver de la minceur, pas vrai ?

Eh bien... non. Le désir de minceur n'a pas disparu.

Je ne fais pas exception. Je continue à être complexée. Je continue à vouloir parfois cacher mon ventre à la piscine et à ne pas aimer mes bourrelets de dos. Je continue à ressentir, parfois, une pointe de jalousie pour celles qui ont les moyens d'utiliser la chirurgie (et celles qui détiennent les secrets de Photoshop et autres logiciels de retouche photo).

Je continue souvent à rêver de minceur. Je rêve parfois d'un jour où je me lève avec 30 kilos de moins. Je rêve d'un jour où toutes les craintes associées au rejet de mon corps s'évanouissent. L'association minceur = bonheur continue de rester la norme, et d'être constamment projetée à la figure des personnes grosses. Je mentirais si je disais que je ne me réveille pas avec une détestation pour tout ce gras. Et même si je souhaiterais que certaines d'entre nous décident de désinstaller Photoshop et de bannir toutes les balances à la maison après la lecture de cet ouvrage, je sais qu'il peut y avoir une différence entre les paroles et les actes.

Pendant longtemps, j'avais du mal à gérer le fait que, alors que j'étais fermement contre la grossophobie, j'avais ces désirs persistants qui continuaient à tourner dans ma tête.

J'avais même tendance à m'en vouloir de ressentir cela. Souvent même, cette culpabilité se transformait en mépris de moi-même. Étais-je une vraie bonne activiste contre la grossophobie et pour le body-positive si je ne m'étais pas libérée de cette envie que j'avais de ressembler à l'énième super Bonnasse qui défilait sur mon fil Instagram ?

Après de longs mois de réflexion, de procrastination, et d'hésitations (surtout financières...), j'ai décidé d'aller voir une psychologue. Alors que dans certains milieux, en général favorisés, aller voir un psychologue est quelque chose de totalement normalisé, il reste encore énormément de travail à faire pour rendre plus « acceptable » de s'y adresser dans les milieux moins aisés. Souvent, aller consulter un professionnel de la santé mentale est associé à un stigmate négatif. Ce n'est pas très bien vu.

Pour moi, femme noire, aller voir une psychologue, c'est aussi se détacher de l'idée qu'on est une « super woman », qui gère sur tous les aspects et sur tous les fronts. C'est accepter l'idée que nos corps et nos psychés sont vulnérables, dans un monde qui, souvent, ne nous le permet pas. C'est aussi accepter d'aller au-devant de critiques qui pourraient venir des proches, voire de la famille, lorsque la question de la santé mentale y est mise sous le tapis ou niée. Et, quoi qu'on en dise, il est bien plus efficace, en matière de survie à court terme, de nier son mal-être. Pour moi, femme noire et grosse, aller voir une thérapeute, c'était également surmonter des d'années d'évitement de tout le corps médical. Faire confiance à un médecin a été difficile, tant j'avais intériorisé qu'on ne pourrait que me « reprocher » mon état, et je n'étais franchement pas prête à payer quelqu'un pour alimenter la honte que j'éprouvais pour mon propre corps. Me faire insulter et sortir ma carte bleue ensuite ? C'était hors de question !

Alors, j'ai choisi de prendre une voie que certains considèrent comme controversée : j'ai choisi ma thérapeute dans une liste de praticiens et praticiennes plutôt recommandés par des féministes. Je l'ai fait parce que j'avais besoin d'être sûre que la thérapeute que je verrais serait à l'écoute, bienveillante et compréhensive, de toutes les problématiques que je pouvais traverser. Je n'avais pas les moyens « d'essayer » plusieurs psychologues pour savoir laquelle me conviendrait le mieux.

Il y a eu beaucoup de débats sur les questions de « liste de praticiens » féministes, au fait des questions antiracistes, LGBTQ, pas grossophobes... Beaucoup s'en sont insurgés. Pour ma part, j'aurais préféré que ce ne soit pas nécessaire, rentrer dans n'importe cabinet médical et me sentir en sécurité. Mais, malheureusement, ce n'est pas encore possible.

Lors d'une discussion avec ma thérapeute, sur cette question « d'estime de soi » et de complexes, j'ai fini par lui avouer tous ces questionnements : « Ai-je assez déconstruit mon rapport à la minceur ? », « Ne suis-je pas hypocrite de tenir ces discours alors qu'une partie de moi désire être mince/mieux/super Bonnasse ? Est-ce que je suis devenue une arnaque de la mode body-positive ? »

Si vous vous posez aussi ces questions, voici ce qu'elle m'a dit après m'avoir laissée débiter une tirade de cinq minutes : « Dis donc Kiyémis, tu te parles très mal quand même. Tranquillise-toi ! »

Tranquillisez-vous.

Je la regarde avec des yeux ronds. Tranquillise-toi ? Quoi ? Je revois son air empathique, et ce ton qui ressemblait à une invitation. À une suggestion.

Tranquilise-toi. Calme-toi. Tu n'es pas en faute. Tu n'es pas une mauvaise personne de rêver de minceur.

Dans une société grossophobe, c'est plutôt normal de continuer d'avoir des pensées grossophobes. Et c'est important de le rappeler. Quand on est de gauche, et qu'on est très présent dans les espaces militants féministes, antiracistes et écologiques, j'ai l'impression que l'on doit souvent être très exigeant avec soi-même. On est d'autant plus exigeant avec soi-même que ces idéaux sont à l'inverse de ce que nous renvoient les médias dominants et le discours ambiant. N'en déplaise à Zemmour, considérer que des pans entiers de la population ne méritent que mépris et violence n'a rien de subversif. La grossophobie (ainsi que le racisme, le sexisme ou la transphobie) repose sur des systèmes de pensée mis en place pendant des siècles... rien de révolutionnaire ! Les idéaux de gauche demandent des remises en question et des gymnastiques permanentes, et parfois... chassez le discours de droite, il revient au galop !

On oublie aussi que faire taire des discours qui sont incrustés depuis l'enfance et qui sont alimentés par des mécanismes qui sont souvent toujours en place, ça reste très compliqué.

Ma psychologue m'a à nouveau souri et m'a demandé : « Pourquoi rêves-tu de minceur ? »

J'avais lu beaucoup d'articles et des revues sur la grossophobie. Et pourtant, j'ai pris quelques secondes pour y réfléchir.

J'ai pourtant commencé à bégayer. Pourquoi je rêvais de minceur ? Était-ce parce que je souhaitais moi aussi rentrer dans ces petites boutiques du IIe arrondissement sans me sentir totalement hors cadre ? Était-ce parce que j'en avais marre de devoir payer mes collants dix fois plus cher que les autres ? Ces deux choses et puis plus encore ?

C'est sorti. Je lui ai dit que je rêvais de minceur comme je rêvais de gagner au Loto et de devenir riche à millions, d'un coup. Et soudainement, cela m'a paru plus acceptable. Évidemment que j'associais la minceur à la facilité, et qui n'a pas envie, individuellement, que sa vie soit plus simple ? Pourtant, au loto, il n'y a qu'une seule personne qui gagne. Qu'une seule personne qui voit sa vie changer. De l'œil de celle qui n'a jamais gagné du moins, cela paraît plus simple. La réalité, c'est que ma vie ne sera pas « plus simple » si je suis la seule à changer.

Ce n'était pas pour rien que les différents mouvements de justice sociale (le féminisme, la lutte pour les droits civiques) sont des mouvements collectifs. Seul, c'est très difficile d'aller contre des choses qui, pendant longtemps sont allées de soi.

Enfin, ma psychologue m'a redemandé : « Pourquoi as-tu si honte de rêver de minceur ? »

À l'époque, je n'ai pas su répondre.

Nos corps comme des armes affûtées

Le corps des femmes a pendant longtemps été vu comme outil de résistance. Parce que pour légitimer mon discours sur la grossophobie, il fallait à tout prix que *moi*, je *me* sente bien dans mon corps. Comme si, à chaque fois que je rêvais de minceur, je trahissais mon propre corps et finalement, je trahissais la « lutte » body-positive. Ceci a été rendu possible parce que j'avais l'impression que c'était à travers mon corps que je légitimais mon combat contre la grossophobie.

Presque inconsciemment, je transformais ainsi une injonction en une autre. Puisque la société me forçait à vouloir me mépriser, je lui montrerais que je ne me laissais pas faire ! Avec cette mentalité, toutes les pensées qui trahissaient l'ombre d'un doute devenaient le signe de la pénétration de « l'ennemi » dans ma tête ! Je finissais presque par m'en vouloir de ne pas être la parfaite petite militante déconstruite.

C'est absolument éreintant comme manière de penser. Je la comprends pourtant. Quand on est isolé, il ne reste plus que nos propres corps comme armes de guerre.

Armes de guerre, oui, armes de propagande, oui. Et si elles sont armes de guerre, elles doivent être parfaites. Sous d'autres critères certes, d'autres injonctions formées par des groupes sociaux qui n'ont pas la puissance de frappe des médias. Mais quand même.

Pourquoi étais-je passée si rapidement de cette honte de mon corps à cette bataille éreintante de l'esprit ?

Et comment s'en sortir ?

« Est-ce que j'utilisais les bons mots ? », « Est-ce que j'avais la bonne place ? » « Est-ce que j'avais le bon corps ? » Ce sentiment d'illégitimité était permanent. Il me faisait me questionner sur mon rapport à la lutte contre la grossophobie, mais aussi mon travail d'écrivaine et de créatrice.

J'ai lu à cette période un livre d'Elizabeth Gilbert, une autrice connue pour son best-seller *Eat, Pray, Love*. Le livre qui a été adapté au cinéma avec Julia Roberts dans le premier rôle. Eh bien, j'imagine que *Big Magic*, c'est la Solange Knowles de la bibliographie d'Elizabeth Gilbert, la petite sœur de la superstar, à la qualité sublime, qui met aussi en contexte la brillance du best-seller, et qui gagnerait à être autant connue.

Dans ce livre, qui a honnêtement totalement changé ma vie, Elizabeth Gilbert développe l'idée de *the arrogance of belonging*. « L'arrogance de l'appartenance », qu'elle décrit comme un remède à cette peur et à cette honte qui nous traversent, et qui nous prennent lorsqu'on essaie de créer. L'autrice associe cette « arrogance de l'appartenance » à ce qu'elle a appelé de l'« *entitlement* ». Ne trouvant pas de traduction efficace, j'ai l'habitude de traduire cette expression par « fait de s'arroger le droit de » ou « s'arroger le privilège ». La notion de privilège est très négative dans un pays qui a connu la nuit du 4 août 1789, pourtant dans *Big Magic*, l'autrice prend à contre-pied l'idée de privilège en expliquant que tous et toutes, nous devrions nous arroger le droit de créer, en dépit de toutes les peurs qui peuvent nous retenir ou nous faire taire. Elle explique que notre existence en tant que telle est unique, que notre patrimoine génétique est unique, que notre existence est la réalisation d'une création à ce jour unique dans l'Univers, et que cela suffit à nous donner une légitimité à créer. À exister. À vivre des vies formidables. Les femmes, et surtout les femmes racisées, ont été bercées par le conte de la « modestie ». Il faut être humble et gentille, et ne pas se faire remarquer.

Alors, cette idée d'arrogance m'a d'abord mise très mal à l'aise. Un vilain réflexe, bien commun à toutes celles qui souffrent du syndrome de l'imposteur.

C'était le contraire de ce que j'avais appris. La honte m'avait poussée à ne pas prendre de place, à ne pas vouloir déranger, à tenter de me conformer. Derrière l'idée de « l'arrogance de l'appartenance » à l'espèce humaine, il y avait l'idée que, par principe, j'avais le droit d'exister, pleine et entière.

Cette idée, Elizabeth Gilbert l'applique pour la création et l'art. Elle l'a utilisée pour dire qu'en chacun et chacune d'entre nous résidait cette capacité, presque magique, à créer, et que nous avions toutes et tous le droit de lui laisser de la place.

Chez moi, femme grosse, cette « arrogance de l'appartenance » prenait une connotation particulière. Je comprenais cette arrogance comme une absence de honte. Je la comprenais comme un encouragement à prendre la place qui nous était due en tant qu'être humain.

Et puis Elizabeth Gilbert rappelait un principe simple : cette arrogance résidait d'abord dans le fait, implacable, que notre présence en tant qu'être humain résulte d'un hasard - le Big Bang - qui frôle le miracle (avec une bise pour les athées).

Peut-être que d'ici à ce que je publie ce livre, on découvrira que notre présence, à toutes et à tous en tant qu'êtres humains, n'est pas exceptionnelle. Mais en attendant, rappeler cette évidence fondamentale, vertigineuse, de l'extraordinaire hasard de la vie humaine m'enjoint à aimer et savourer mon corps d'autant plus, quelle que soit sa taille.

Et lorsqu'on remet son corps dans son contexte, dans sa filiation familiale, quand on se souvient qu'il est la résultante de rencontres, de violences, de résiliences, de beautés, de mille histoires mêlées, de soupirs et de rires, d'amour parfois, de résistances... Comment ne pas voir ces codes de beauté normatifs, qui prétendent nous limiter et nous restreindre à une perfection impossible et unifiée, comme violents pour nos corps ? Comment ne pas exiger, avec arrogance, la juste place pour tous les membres de notre chœur humain, tous nos corps, toutes nos histoires ?

C'est cette arrogance-là, avide de justice et de bienveillance pour moi et les autres, qui me fait redresser la tête.

S'arroger le droit de s'aimer peu à peu

Dans *All About Love*, un autre de mes livres favoris, bell hooks souligne à quel point le mot « amour » est souvent flou. On n'explique pas souvent ce à quoi cela ressemble, « aimer quelqu'un », ce qui laisse la place aux multiples interprétations. Cela laisse place à l'abus.

Elle propose, en parlant de l'amour donné aux autres, une définition claire. Cette clarté permet de comprendre que l'amour n'est pas quelque chose qui naît presque mystiquement, mais qui se construit. Qui grandit. Qui peut évoluer.

Alors, c'est sûr que c'est beaucoup moins romantique que l'idée du coup de foudre, mais c'est tellement rassurant. Tellement plus compréhensible !

Pendant des années, j'ai considéré qu'avoir de « l'amour de soi », c'est considérer qu'on se trouve constamment belle. Comme je le disais plus haut, c'est assez fragile, tout le monde ne se sent pas beau tout le temps. En comprenant cela, je me suis dit que je pouvais également essayer d'appliquer cette logique à l'amour de moi. Que je n'allais pas avoir un coup de foudre immédiat et passionné avec mon propre corps, mais que j'allais construire peu à peu ce rapport. Que cette construction serait lente, et qu'elle serait toujours un peu instable et variable. Qu'à certains moments, mon propre rapport avec mon corps pourrait être troublé. Et que l'accepter, ça ne remettait pas fondamentalement en cause mes convictions.

Élargir la notion de l'amour de soi m'a aidée à ne plus avoir honte. Redéfinir l'amour de soi m'aide. Nos corps sont des entités complètes qui méritent le respect, et la bienveillance. Qu'importe leur situation. Dans la maladie, dans la vieillesse comme dans la santé.

Même si on s'est levé ce matin en se trouvant moche.

Sortir de ce concept de beauté, qui est très prompt à la hiérarchisation, et aller chercher autre chose me paraît plus satisfaisant. Je peux me dire que mon corps me déplaît ET me dire que la discrimination à l'encontre des corps gros doit être sévèrement combattue. Pourtant, ce n'est pas contradictoire avec l'idée que tout corps mérite d'être mis à l'abri de toute forme de violence, physique, mentale et matérielle.

Pendant longtemps, j'ai cru que je n'avais pas le droit à la parole, pas le droit de me plaindre, parce que j'étais ce que j'étais.

Tous les corps sont aimables. Tous les corps sont respectables. Tous les corps méritent l'expérience de la joie, de la sécurité et de la sérénité.

Cela ne devrait pas être réservé à une petite « élite ». Si on considère que les corps humains méritent le respect, qu'importe leur condition, on sort du paradigme qui nous pousse à croire que la perfection est la seule manière d'atteindre la sécurité matérielle, ou de mériter d'être aimée par les autres. Ces affirmations paraissent aller de soi et pourtant, elles ne font pas partie de nos réalités.

Beaucoup d'entre nous pensent ne pas mériter la joie, la sécurité et l'abondance parce qu'ils sont dans des corps que la société considère comme anormaux, parce que trop gros, non-valides, non-blancs ou considérés comme laids.

Abondance

Beaucoup pensent que ce qui est laid mérite violence, et que ce qui est beau mérite douceur et facilité. Et c'est tout bonnement faux. Collectivement, refusons cette croyance de ne pas mériter le respect, la justice et la dignité.

Vous vous direz peut-être que j'en demande trop, que je veux le beurre et l'argent du beurre, et c'est vrai. Je veux tout.

Alors, c'est vrai que, dire cela, c'est mettre un grain de sable dans une manière de penser le monde qui est plutôt dominante. Le discours qui nous pousse à croire que seule une toute petite partie de l'humanité « mérite » de tout posséder est ancré dans l'inconscient collectif.

Comme si l'abondance de joie, l'abondance de beauté et l'abondance de douceur devait être réservée à celles et ceux qui sont censés incarner « la perfection ».

Je dis merde à ça. Merde à l'abondance comme privilège. Moi j'imagine une abondance joyeuse. Une abondance démocratique. Tous, autant que nous sommes, nous méritons de bien vivre, d'être joyeux, heureux et de profiter du temps sur cette Terre.

Cela paraît peut-être naïf, mais la réalité c'est que si ce monde fonctionnait sur ce principe-là, il ne ressemblerait pas du tout à celui dans lequel nous vivons maintenant.

Un monde où les inégalités sont rampantes, un monde où les discriminations sont légitimées, un monde qui crée la rareté, qui trouve normal la famine, l'exploitation, un monde mortifère.

C'est ce monde-là qu'on veut nous faire avaler qui est laid, pas mes trois bourrelets !

Merde à la perfection aussi !

Nos corps sont imparfaits. Ils sont entiers aussi. Nos vies sont entières et imparfaites. Et c'est OK. Oui ! C'est simplement OK. Contrairement à ce que veulent nous faire croire les agences de pub, certains chirurgiens esthétiques et les filtres Instagram, la perfection ne fait pas partie de l'expérience humaine.

Je répète : la perfection ne fait pas partie de l'expérience humaine.

Et c'est très bien comme ça. Auquel cas, l'imperfection n'est pas une faute morale, ni une souillure intellectuelle, rien de tout cela.

L'imperfection est inévitable et c'est OK.

Abandonner le mythe de la perfection, de corps parfaits, de vies parfaites, ne veut pas dire renoncer à évoluer et à changer. Pas du tout. Abandonner le mythe de la perfection, c'est aussi dire que l'humiliation des autres et de soi-même n'est pas un bon moteur. Nous ne sommes pas obligés de nous rabaisser et de rabaisser les autres pour devenir meilleurs. Abandonner le mythe de la perfection, c'est abandonner toutes les hiérarchies qui sont en place, et qui sont là pour justifier l'écrasement de certains par tous les autres. Nos imperfections nous permettent de grandir, de fleurir, de progresser. De nos imperfections jaillit notre humanité. C'est là qu'elle se révèle, notre humanité, pour le meilleur et pour le pire. Si on prend du recul vis-à-vis de cette peur de l'imperfection, on comprend que cette peur est utilisée comme justification de domination et de hiérarchisation. Si certains sont parfaits et que tous les autres sont ridicules (parce que la perfection est censée être un club très exclusif), on justifie de les mépriser de ne pas l'être.

« L'imperfection » ne devrait pas être un motif pour exclure, marginaliser, appauvrir et violenter physiquement, socialement et mentalement d'autres êtres.

Celles qui luttent

Lors de la cérémonie des César de 2021, l'actrice Corinne Masiero décide de se déshabiller pour dénoncer la précarité des artistes et le peu de considération dont le gouvernement fait preuve à leur égard après un an de restrictions sanitaires en tous genres.

Elle est aspergée de faux sang, sa peau blafarde est ridée, ses seins pendent, les poils drus de son sexe sont totalement exposés face au public sur son trente-et-un réuni dans l'un des temples de la culture à la françaiiiiise.

Alors que les femmes et les hommes ont passé du temps à se pomponner et à se préparer aux flashs, que les stars (plus minces, plus blanches et plus riches que jamais) ont mis un temps fou à sélectionner leur robe, leur maquillage, leur styliste, leur parfum, leur costume, leurs chaussures que la machine de création artificielle de la beauté parfaite s'est mise à tourner à plein régime...

Corinne Masiero s'est mise à poil.

Sur la scène.

Des César.

Les réactions face à son acte ont été extrêmement violentes, comme il fallait s'y attendre. On s'est empressé de condamner sa vulgarité. Que ce soit sur les plateaux de télé, à la radio, ou sur les réseaux sociaux, les insultes ont fusé. Des députés du parti Les Républicains ont décidé de porter plainte pour « exhibition sexuelle ».

Laide, laide, laide.

Car le pire crime pour une femme, c'est d'être vieille, laide et grosse.

Il faut s'excuser et se repentir.

Toute ma vie, on m'a appris à m'excuser.

Toute notre vie, on nous apprend à nous excuser.

De nos corps.

On doit s'excuser d'être trop grosse, trop Noire.

On doit s'excuser d'avoir des rides et de vieillir.

On m'a fait avaler la honte à la petite cuillère. On l'a imprimée sur chaque étiquette de mes culottes trop grandes. On l'a dissoute dans chaque défrisant qui touchait les pointes crépues de mes cheveux.

La première fois que j'ai vu l'image de Corinne Masiero, partagée en masse sur mes réseaux féministes, j'ai senti la gêne monter dans mon corps. Comme une mauvaise habitude.

Je l'ai reconnue, cette gêne. La même que j'ai pu ressentir en me regardant moi dans le miroir. Cette gêne qui me poussait à m'excuser pour un rien.

Corinne Masiero a dit qu'elle ne s'excuserait pas.

Virginie Despentes a dit qu'elle ne s'excuserait pas.

Audre Lorde a dit qu'elle ne s'excuserait pas.

Rachel Keke et les femmes de l'hôtel Ibis ont dit qu'elles ne s'excuseraient pas.

Lutter contre le mythe de la perfection passe par une remise en cause des structures productrices de honte et d'exclusion. Cette remise en cause ne peut pas juste être portée par une personne. Et je le dis alors que j'ai énormément de mal à rentrer dans un collectif et qu'on est dans une période qui incite les gens à rester dans leur coin.

J'ai compris que c'était bien ambitieux de penser que, de mon côté, je pouvais « remettre en cause la grossophobie » à travers mon corps. Mais en multipliant les initiatives, les groupes, en relayant des discours allant dans ce sens et en les partageant, en encourageant les collectifs qui luttent contre cette dictature imposée sur nos corps, nous aurons l'impression de bouger.

À titre individuel, un des meilleurs outils qui me permet de lutter contre la haine que j'ai pu avoir contre mon corps, c'est de me rappeler tout ce qu'il est capable de faire.

J'ai pensé mon corps comme incomplet, et donc digne d'être méprisé, mais comme je le disais, mon corps n'est pas juste là pour être consommé et observé.

Mon corps est un vecteur de joie : il est un merveilleux outil qui me permet de ressentir des émotions extrêmement positives. Comment le considérer comme un problème quand, finalement, c'est grâce à ce corps que je peux communiquer, rencontrer les autres, chanter, aimer, baiser, vivre ?

Cette honte intériorisée nous masque presque le fait que la vie humaine est un phénomène unique dans l'Univers connu, quelles que soient la forme et la couleur du corps dans laquelle elle réside.

Je sais que ce discours peut paraître convenu. Mais, honnêtement, je n'ai pas l'impression, lorsque les magazines de mode nous vendent du *bikini body* ou du « comment se sentir belle à la plage », que ce soit l'idée sous-jacente renvoyée. Il est important de comprendre que les mythes de perfection nous desservent.

Et ces mythes sont des outils qui nous empêchent de prendre toute la place.

La peur de ne pas être parfaite et le fait d'être socialement réprimandée parce qu'on n'a pas le corps « parfait » nous enferment dans des situations où nous ne nous faisons pas confiance. Entre nous, est-ce vraiment une coïncidence si les jeunes filles, qui sont le groupe qui souffre le plus de troubles alimentaires, sont celles qui ont aussi le moins tendance à prendre la parole en public ?

En 2020, la youtubeuse anti grossophobie et afroféministe Nawale a un jour décidé de lancer le hashtag #Plusde70kgEtSereine. Ce hashtag visait à encourager les filles et les femmes à poster des photos d'elles, à se sentir fières, et à prendre la place dans le cyber espace.

J'ai ressenti l'importance de cette initiative, tout d'abord parce que je me suis rendu compte à quel point j'étais toujours aussi mal à l'aise à l'idée de poster une photo de moi de plain-pied. Ce malaise n'était pas seulement interne.

L'initiative de Nawale a rencontré des résistances. Comme lorsque Corinne Masiero a décidé de se montrer nue, certaines des femmes qui ont posté leur photo ont été harcelées, pointées du doigt.

On a même accusé Nawale, comme c'est souvent le cas lorsque les femmes grosses décident de prendre place dans l'espace public, de « glorifier l'obésité et un mode de vie qui n'est pas sain ».

La présence de ce qui est considéré comme « l'imperfection » dans notre société est encore très mal accepté et provoque malaise, insultes et humiliations.

Pourtant, nous méritons notre place dans la lumière.

Pourtant, nous sommes toujours debout, comme dirait Maya Angelou.

Ce qui m'aide, contre cette peur, cette honte, c'est d'observer les personnes autour de moi. Les femmes qui dansent avec ces injonctions depuis quelques années. Celles qui continuent à se battre malgré tout. On a tendance à penser à des figures, des influenceuses, des militantes connues, mais celles qui peuvent être inspirantes sont souvent proches de nous.

Ce sont des anonymes.

Pendant un instant, elles choisissent de s'aimer. Elles ont choisi de dire non aux mécanismes de haine de soi et de haine de son corps. Pendant un court instant, elles avancent, clament leur liberté. Pendant un instant, elles décident de dire non à des siècles de domination et d'oppression. Elles ont choisi d'ignorer les messages qui existent dans la presse, dans les médias, sur les réseaux sociaux, dans leur famille, dans leur tête.

Malgré tous ces messages qui leur disent qu'elles devraient se cacher, qu'elles ne méritent pas d'être vues, d'être dans la lumière, qu'elles devraient disparaître même, qu'elles devraient se coucher et attendre la mort, elles choisissent de vivre.

Pendant un instant, elles choisissent de dire qu'elles s'aiment assez. Qu'elles s'aiment assez pour s'exposer, pour essayer de nouvelles choses, pour embrasser cette nouvelle carrière, pour faire ou ne pas faire des enfants, pour faire des photos, pour parler lors de la prochaine réunion, pour jeter leurs bouquins de régime, pour bloquer tous ces hashtags, pour être aimées, pour prendre toute la place, pour vivre. Elles sont toujours debout, dans leur glorieuse et majestueuse imperfection.

Des femmes, qui sont toujours debout, qui combattent la peur, la haine de leur propre corps, il en existe dans tous les métros. Elles ont choisi la témérité. Elles ont construit une forme d'insouciance artificielle, comme bouclier face au monde. Comme bouée de sauvetage.

Cette témérité est contagieuse, pour dire la vérité.

Elle est dangereuse et libératrice.

Chapitre 6

Leurs cauchemars, nos utopies

La fille du métro

À l'automne 2013, j'ai particulièrement grossi. Je sortais aussi d'une rupture amoureuse, j'enchaînais les rencards pourris pour oublier que ma confiance en moi était déjà au ras des pâquerettes. Aussi, j'ai particulièrement mal vécu cette nouvelle prise de poids. Je me sentais mal dans chacun des habits que je portais, et tentais de me cacher la plupart du temps derrière des vêtements de plus en plus larges. J'essayais de faire attention à ce que je mangeais, pourtant, mon poids ne baissait pas, alors je retombais dans le cycle connu : hyperphagie-honte-privation. Il faisait moche et gris, et je me sentais moche et grosse à l'intérieur.

Cet hiver-là, je devais souvent prendre la ligne 6 du métro, à Paris.

Les habitués de la ligne aérienne le savent : les rames de ce métro sont particulièrement étroites. Les sièges ne sont clairement pas conçus pour les gros, il y a peu de places pour s'asseoir, et elle est souvent bondée. En clair, la ligne 6 du métro est grossophobe !

En tout cas, c'est ce que je me disais à chaque fois que j'essayais de me réduire au maximum pour prendre le moins de place possible.

Un soir, alors que j'essayais une nouvelle fois de caler mon mètre soixante-seize, taille 50 sur un strapontin, une fille est sortie de nulle part. Elle était grosse, comme moi. Elle était grande, comme moi. Elle avait les cheveux coupés très court. Elle portait une robe très courte également et des collants résille qui laissaient entrevoir la cellulite ornant ses cuisses.

Une pensée s'est imprimée alors dans mon cerveau : « Elle doit sûrement être le pire cauchemar de Cristina Cordula. »

Elle est venue s'asseoir en face de moi, et j'ai observé son reflet dans la fenêtre. Je me fondais presque dans la vitre sombre, avec ma robe noire hyper large et mon manteau noir. Ses vêtements à elle contrastaient totalement avec les miens.

Elle se tenait droite et prenait toute la place.

J'ai croisé le regard des autres passagers. Pas besoin d'être télépathe pour deviner ce qu'ils pensaient. Le mépris, l'envie de faire des blagues, de critiquer, de la remettre à sa place, suintaient de leurs yeux. Cette fille n'avait rien demandé à personne. Elle vivait juste sa vie de femme, sans avoir honte. Elle était juste grosse et portait des vêtements colorés. Elle prenait toute la place. Et moi, j'avais les épaules voûtées. Je tressautais et m'excusais à chaque fois que quelqu'un me frôlait. J'avais l'air de vouloir disparaître.

J'avais 21 ans. J'étais du genre à presque m'excuser d'être féministe. Je n'avais absolument aucune idée de ce que c'était que le body-positive, ma consciente antiraciste venait à peine de s'éveiller.

Et je continuais, comme de nombreuses femmes, à détester mon corps.

Ma prise de conscience s'est épanouie peu à peu lors de différents mouvements sociaux qui ont secoué les années 2010. Défendre le mariage pour tous dans la rue lors de la montée de la manif pour tous, constater la persistance du profilage racial, défiler dans des cortèges antiracistes et féministes, m'ont définitivement convaincue. Plus le temps de se dire « pas féministe mais... » comme je le faisais au sortir de l'adolescence. Au contraire, j'étais de plus en plus fière de défendre des idéaux d'égalité et de justice sociale. Qui ne le serait pas ?

Ces dernières années ont été rythmées par de nombreux mouvements sociaux, présents sur les réseaux sociaux, mais se manifestant également dans la vie réelle et dans la rue. On ne compte plus les livres écrits sur #MeToo.

Pendant des semaines, se sont déroulées dans plusieurs grandes villes mondiales des marches pour le climat, des grèves (notamment menées par la jeune Greta Thunberg) et l'organisation de groupes militants qui voulaient interpeller les autorités sur la question climatique.

En 2020, à la suite du meurtre de George Floyd par un policier, le mouvement antiraciste Black Lives Matter, né aux États-Unis suite au meurtre de l'adolescent Trayvon Martin en 2013, a organisé d'immenses manifestations aux quatre coins du globe.

Les visages, les slogans, les pancartes et les actions de ces différents mouvements étaient parfois différents. Pourtant, tous ces mouvements avaient une chose en commun : un désir inassouvi de justice et une envie de changement de la société.

Ces mouvements sociaux ont alimenté nombre de conversations avec des proches, des amies, voire des inconnus sur les réseaux sociaux. J'ai passé des heures à échanger, à débattre en espérant convaincre mot par mot, discussions après discussions, des amis, des collègues, des inconnus, qui bien souvent avaient une image assez caricaturée de ce pourquoi tant d'entre nous luttaient.

Backlash

Le mot « *backlash* », conceptualisé par l'essayiste américaine et féministe Susan Faludi, est souvent utilisé pour décrire la réaction extrêmement négative que rencontrent les idéologies progressistes. La réalité, c'est que certains (souvent à droite de l'échiquier) semblent avoir une réaction allergique à tout ce qui ressemble à une miette de progrès social. Alors, les entreprises de délégitimation commencent. Parce que ce qui est important, c'est de dégoûter la plupart des gens de ces idéaux, des manifestants et de ce qu'ils et elles ont à dire. Les féministes qui se battent contre les violences de genre et le harcèlement ? Des hystéros mal-baisées qui veulent empêcher tout le monde de draguer. Les antiracistes ? Des vilains wokistes qui veulent nous empêcher de dire la moindre blague et qui veulent réécrire l'histoire. Les écolos ? Des bobos déconnectés des réalités qui veulent nous faire avaler à tous du soja par la narine droite.

Dans la version grossophobe, contre les mouvements body-positive, on accuse les militants qui réclament de la justice et de la liberté de faire « l'apologie de l'obésité ».

Il faut ternir la crédibilité de toute alternative, et pour cela, il faut dépeindre celles et ceux qui croient au changement et qui se battent pour un monde meilleur socialement, pour leurs proches et pour leurs enfants, comme des cauchemars pour la société. Ceux et celles qui veulent voir le monde changer, en mieux à mes yeux, semblent incarner à leurs yeux un danger, presque mortel. C'est souvent étrange de voir à quel point une stratégie pour lutter contre des idéaux de justice sociale est d'en faire des monstruosités.

Ces derniers temps, tout le monde craignait de grossir. Je ne suis pas parano. Ce n'est pas dans ma tête. Les voix qui me traversent, telle une réincarnation insécure de Jeanne d'Arc, ont raison. J'ai été effectivement leur pire cauchemar.

À l'heure où j'écris ces mots, je suis leur pire cauchemar.

Oui, moi, meuf grosse qui n'arrive pas à trouver ma taille dans les magasins. Moi, avec mes cheveux qui vont vers le ciel. Moi, qui ne rentre pas dans les cadres de ce que l'on a considéré comme étant beau.

Je suis leur pire cauchemar.

Toi, grosse, tu as aussi été le pire cauchemar d'autres femmes.

Dans cent ans, dans un monde qui aura dû apprendre à être solidaire pour lutter contre le changement climatique et la fin de la civilisation humaine, imaginer qu'on excluait des personnes sur la simple idée qu'ils avaient une couleur de peau qui s'approchait du marron ou parce qu'on les considérait comme « trop grosses » paraîtra absolument invraisemblable.

On se souviendra avec effarement de l'époque où certains clamaient que le féminisme et l'antiracisme étaient, au mieux des lubies de gauchistes, au pire des dérives dangereuses qu'il fallait étouffer.

N'est-ce pas ?

Les contes qu'il faut écrire

Nos yeux n'ont jamais autant consommé d'images et d'informations qu'en ce moment. Entre les dizaines de sites de streaming légaux et illégaux, des chaînes en veux-tu en voilà, Instagram, TikTok, Facebook, Twitter... Nos yeux baignent dans des pixels et des écrans bleutés.

J'ai l'impression que nous n'avons jamais autant été abreuvés d'images et de représentations ultra violentes. Les images d'attentats terroristes, des habitants de la Terre impuissants face aux dégâts du dérèglement climatique, de violences policières, sont innombrables.

Il ne faut pas être psychologue pour imaginer l'impact que cela doit avoir sur nos psychés. Et si on compte en plus les séries dystopiques et d'horreur...

À l'été 2017 est sortie l'adaptation du livre de Margaret Atwood, *The Handmaid's Tale*. L'œuvre décrit des États-Unis qui ont basculé dans un régime totalitaire dirigé par des fondamentalistes chrétiens, où les droits des femmes ont été considérablement réduits. On suit l'histoire de Offred, une servante, qui essaie d'exister dans une société qui l'a réduite à un rôle de poule pondeuse.

L'adaptation a connu un immense succès, notamment dans les cercles féministes, car c'était l'une des premières œuvres de fiction diffusées à grande échelle qui présentait une dystopie féministe. Je me souviens d'avoir eu plusieurs conversations marquantes avec des femmes, qui ne se disaient pas ouvertement féministes jusqu'alors, et qui expliquaient à quel point cette série leur avait fait comprendre qu'elles devaient se battre pour les droits des femmes.

Je n'ai jamais réussi à dépasser la deuxième saison.

Soyons honnêtes, je suis à la base quelqu'un d'anxieux. Or la tendance à l'anxiété et les dystopies ne font pas très bon ménage. À chaque fin d'épisode, je finissais immanquablement par me retrouver à regarder le plafond à 3 heures du matin pour me dire : « Et si ça arrivait vraiment ? Et si on devenait Gilead ? »

Et il faut dire que la réalité, historique et contemporaine, est assez effrayante comme ça. Il n'y a qu'à voir comment les droits reproductifs sont mis en danger aux USA.

Et puis, j'ai fini par rechigner en me disant que le problème, c'était justement le fait qu'il n'y avait pas de série qui me maintenait réveillée, et qui me présentait un monde dans lequel je souhaiterais vivre. Vous souvenez-vous du dernier film qui vous ait donné de l'espoir ou au moins ait apporté un regard optimiste sur le présent ou sur le futur ?

Alors, j'ai préféré me détourner de ces séries qui, quoique très bien réalisées, ne me sortaient pas du marasme. Je passe déjà beaucoup trop de temps sur Twitter, l'un des espaces les plus angoissants du Net, pour consommer de la peur pour mes loisirs !

Où sont les représentations culturelles du monde dans lequel on devrait et on aimerait vivre ?

Pourquoi n'arrive-t-on plus à rêver concrètement de ce monde, de ce à quoi il ressemblerait ?

Rêverie de Transilien

Le premier déménagement que j'ai connu, à l'âge de 13 ans, m'a fait l'effet d'un déracinement. Je n'étais pas la seule. Depuis leur arrivée en France, en 1979 pour ma mère et en 1983 pour mon père, mes parents avaient toujours vécu en proche banlieue parisienne, si ce n'était au cœur de Paris. Pour eux, vivre dans la zone 8 était presque aussi dépaysant que de quitter Douala pour venir s'installer dans l'hémisphère Nord. Nous étions une famille qui, qu'elle le veuille ou non, était inexorablement attirée par la capitale. Après notre déménagement, nous faisions, comme de nombreux Franciliens, ce que l'on appelle les déplacements pendulaires. Pour les habitués du Transilien (nos TER de Région Île-de-France) et tous ceux qui doivent se rendre à Paris tous les jours, déplacement pendulaire est synonyme de longs trajets dans les transports. Paris gare de l'Est-Coulommiers, ligne P, voie 17, départ 17 h 15, arrivée 18 h 34.

Ça en fait des heures égarées à traverser la campagne seine-et-marnaise.

Souvent, j'utilisais ce temps à écouter de la musique. La réalité, c'est que la musique était un tampon entre les conversations des uns, les bruits intempestifs des autres, et moi.

Car ce temps passé sur un siège d'une couleur indéterminée était un espace pour moi et mes rêves.

Tout ce temps passé dans les transports, à rêver.

Rêver que je rejoignais Paris. Rêver d'une autre vie, celle où j'avais un copain, celle où j'étais plus mince… J'ai passé des heures et des heures dans ces trains et ces bus à rêver de minceur et de validation masculine.

Le bon côté de ces rêveries, c'est qu'elles me permettaient d'occuper facilement les longs moments que je passais dans le train. Le mauvais côté, c'est que ces fantasmes me renvoyaient à ma vie que je trouvais plutôt incomplète. Des rêves qui exploraient à quel point je me trouvais incomplète, imparfaite... un peu nulle.

Je fantasmais éveillée sur une porte de sortie illusoire et le Transilien me permettait de construire une échappatoire, réjouissante quoique éphémère. Et j'avais sûrement besoin de cet espoir, parce que sinon, je voyais ma propre vie comme assez terne et maussade.

Et puis le temps a passé. J'ai grandi, ma mère a redéménagé près de Paris, et je n'ai plus pris le Transilien. Les trajets sont plus courts et puis à Paris, le métro est en grande partie souterrain. Vous avez déjà essayé de rêvasser avec des néons blafards et le reflet des tunnels pour seules évocations ? *Help*.

L'imaginaire, c'est comme un muscle, si on ne le sollicite pas régulièrement, il s'atrophie. Puisque je n'avais plus ce rendez-vous, j'ai perdu l'habitude. Et puis rêver nécessite du temps. Du temps que la plupart des adultes n'ont que très peu, car ils sont contraints d'effectuer des boulots ou de mener des carrières qui leur prennent (parfois leur volent) tout leur temps. Ces carrières, ainsi que les obligations sociales et familiales, leur prennent tellement de temps que rêver devient de plus en plus rare, un privilège. Est-ce que c'est pour cela que certains se réjouissaient de voir récemment des milliardaires se rêver en Icare version 3.0 ? Parce qu'à travers cela, certains avaient l'impression de partager le rêve et l'excitation de quelques privilégiés ?

Est-ce que c'est pour cela que nous sommes (pour certains) tant investis dans la vie de stars milliardaires ? Est-ce que c'est pour cela que je passe tant de regarder l'émission de téléréalité *Real Housewives of Bervely Hills* ? (Je vous laisse juge de mes passe-temps problématiques.) Parce que l'on est destiné, nous, la masse, la plèbe, la populace et le reste du monde, à se projeter dans « la vie de rêve » de quelques happy few ? Puisque la plupart d'entre nous n'ont plus le temps ni la chance de pouvoir concevoir des rêves collectifs, peut-être qu'on a plus tendance à prendre la version prémâchée du rêve qui nous est proposée : devenir mince, devenir blanc, devenir riche, devenir entrepreneur, avoir une grosse maison ou avoir une grosse voiture.

Trouver l'utopie

Au cours de ma conscientisation de tous ces enjeux d'égalité et de lutte contre les discriminations, j'ai passé du temps à en discuter avec ma mère. Nous passions des heures à échanger, souvent dans la cuisine, sur la dernière histoire de racisme, et sur ce que les femmes noires avaient à traverser.

Elle était souvent spectatrice de ma colère et de ma frustration, qui me poussaient à me lancer dans des tirades infinies sur tout ce qui allait mal dans ce monde, sur le capitalisme, sur les dégâts hérités d'oppressions multiséculaires.

À la fin de ces tirades, elle restait souvent silencieuse. Et puis, elle me disait toujours d'essayer de proposer un aspect plus joyeux, plus porteur d'espoir.

Au début, je trouvais ça monstrueusement exaspérant. Qui a envie d'être joyeux et heureux quand on se rend compte combien notre monde est injuste ?

Je lui disais souvent que je ne comprenais pas. Du moins, je comprenais qu'elle essayait de chercher les traces de l'enfant joyeuse que j'avais été, et que la Kiyémis en colère, elle la regardait avec compassion en la redoutant un peu.

Je ne comprenais pas, non, car ma colère, nos colères, sont légitimes. Évidemment que la grossophobie, le racisme, le sexisme, les injustices économiques, les violences contre les minorités sexuelles et de genre sont injustes car totalement arbitraires ! Évidemment qu'il faut se soulever et lutter, coûte que coûte !

Ce que je ne savais pas à l'époque, c'était à quel point la colère, catalyseur, ne pouvait être mon tout.

La colère me faisait réagir. La colère me donnait envie de me dresser, de hurler, de me débattre, de combattre.

La colère, du moins de prime abord, ne me donnait pas envie de rêver.

À travers mon expérience du racisme, du sexisme et de la grossophobie, et grâce à de nombreuses lectures, je comprenais que je vivais dans un monde qui était excluant, discriminant.

Ces réalisations, successives et douloureuses, ont provoqué en moi une colère extrême.

Cette colère était légitime.

Pourtant, cette colère, au quotidien, ne protège que très rarement des humiliations. Au contraire, elle est alimentée par la connaissance des phénomènes sociaux qui se jouent autour de soi et rend particulièrement sensible à la moindre occurrence desdites humiliations. Mais cette colère était éreintante, très gourmande en énergie et en temps.

La colère est un beau moteur, mais malheureusement, elle ne te permet pas de courir un marathon. Du moins elle ne me le permet pas.

Il me fallait autre chose.

Cette idée me travaillait déjà depuis quelques années. En 2017 déjà, à l'issue de ma lecture du livre *Écrire l'Afrique-Monde*, ouvrage composé de textes de philosophes, de chercheurs et d'écrivains, j'écrivais sur mon blog « Utopies afroféministes » , un article qui visait à expliquer à quel point je désirais des textes qui nous montrent autre chose. 2018, Rebecca Amsellem, fondatrice des Glorieuses, me propose d'être modératrice d'une rencontre sur les utopies féministes. J'y rencontre Sandrine Roudaut, autrice et conférencières qui a notamment écrit *L'Utopie, mode d'emploi*. Il faudrait donc un mode d'emploi ? Pourtant, c'est pour cela que l'on se bat, non ? Par conséquent, après avoir tout dénoncé, cela devrait être facile de proposer ne serait-ce qu'une ébauche du monde que l'on souhaite voir advenir, n'est-ce pas ?

Je me plaignais assez récemment à mon compagnon d'alors de l'omnipotence du genre dystopique dans la fiction et dans les productions audiovisuelles. Où étaient les espaces d'espoir et d'espérance ? De changement ? J'en avais ma claque de lire ou d'entendre : « Dans un monde totalement détruit, un héros essaie tant bien que mal de survivre... » Je cherchais à deux mains les mondes fictifs qui nous donnaient envie d'y vivre, de s'y laisser transporter.

Je ne pourrais compter le nombre de dystopies qui sont sorties pendant que je cherchais en vain. Autant je suis en capacité de comprendre l'intérêt qu'a suscité la dystopie dans les années 1980, et 1990 - oui, *Matrix* est un chef-d'œuvre -, autant en 2021, avec une pandémie et des constats de plus en plus violents des dégâts du réchauffement climatique, les dystopies sont devenues un accélérateur d'anxiété existentielle.

Je savais, en me lançant dans cet essai, que je voulais terminer par une forme d'expérimentation. Mais je ne m'étais pas rendu compte à quel point c'était devenu difficile. J'avais laissé, inconsciemment sûrement, ma capacité à rêver pourrir dans un coin.

J'imagine que c'est un peu ça, l'utopie. Un flou, qui vit dans la vision périphérique de celles et ceux qui se battent pour changer le monde. Tu tournes la tête et paf ! Ça n'est plus là.

Comment tu fais quand tu ne sais plus comment rêver et encore moins utopier ?

Quand je dis « rêver », je veux dire, créer une réalité alternative pour m'échapper d'une vie qui est pleine d'angoisse, de stress et de grisaille.

Utopie, c'est un mot, utopier c'est une action. « En train de réaliser une utopie... »

J'utopie.

Tu utopies.

Il ou elle utopie...

J'aurais pu prendre un aller-retour gare de l'Est-Coulommiers pour raviver cette flamme. Un peu comme si, après de longues années sans vélo, j'allais rouler dans une rue familière pour me mettre en jambes en attendant que je me souvienne comment pédaler. Je crois que cela ne suffit pas pour ça. Je n'ai pas l'habitude de rêver, et je sais encore moins le faire quand c'est quelque chose qui dépasse ma petite personne.
C'est normal, après tout, on n'enseigne pas vraiment la métho-

dologie de l'utopie et des mouvements sociaux en classe. C'est normal de se perdre, surtout quand on nous bombarde de rêves prêts à porter. C'est la version Kaufman & Broad de l'utopie body-positive, ça.

Parfois, nos rêves d'émancipation sont bradés et affadis pour les rendre moins radicaux. La radicalité, ça fait peur, alors il faut affadir nos rêves.

Mais l'utopie ne peut être inoffensive, car il nous faudra beaucoup d'énergie pour espérer changer le monde dans lequel nous sommes.

Alors il faudra, malgré les *backlash* et les tentatives d'affaiblissements de nos mouvements et de nos pensées, continuer à rêver grand, à rêver fort.

C'est une nécessité vitale.

Mon rêve

Je les entends presque.

Les soupirs. Les bips catastrophés. Les bips qui crient la perte. Les bips qui annoncent des moins. Les bips qui annoncent le rouge.

Les bips qui annoncent le krach.

Je les entends presque. Bip. Bip. Rouge, rouge. Les actions en Bourse qui chutent inexorablement. Les cris étouffés des traders désolés. Chute, chute, moins, moins.

Bip, bip, c'est le krach.

Je les entends presque. Les annonces à la radio.

« Weight Watchers qui met la clé sous la porte ! » Puis Comme J'aime.

Une compagnie de produits minceur.

Puis deux compagnies.

Puis trois compagnies.

La première entreprise qui ferme fait les gros titres. « La plus grande boîte de produits minceur dépose le bilan. » « Les femmes ne croient plus dans les régimes. » Les panels se succèdent. Les produits sont retirés des rayons des supermarchés.

La première fois, ça fait toujours mal. Et puis on s'habitue. On s'habitue à voir ses concurrentes mettre la clé sous la porte aussi. On s'habitue à ne plus lire de « spécial régimes » dans les feuilles de chou. On s'habitue à ne plus voir les « avant/après » à la télé. Les publicités qui disparaissent des écrans. Plus de fenêtres pop-up « La recette miracle pour perdre 20 kilos en douze jours » « Son secret incroyable pour avoir l'air d'avoir 20 ans alors qu'elle en a quatre-vingt ».

Bloquées. Elles disparaissent. Elles deviennent un vestige du passé.

Disparues aussi, les pages des magazines qui se moquent de la moindre parcelle de peau d'orange de la moindre célébrité surfriquée. Disparus ces leurres qui font croire aux gens que si tu les détestes plus, elles, tu te détesteras moins toi.

Je les vois presque. Toutes ces balances et ces machines anti-cellulite qui s'accumulent dans les poubelles des immeubles. Elles débordent presque, il n'y a que ça. Je les vois presque, leurs sourires, le sourire de ces femmes qui les jettent. Je le vois presque, ce sourire magique, ce sourire fou, ce sourire qui gueule :

« Je m'en fous de mon poids, je m'en fous de faire un 34 ou un 52, je m'en fous de grossir, je m'en fous de maigrir, je m'en fous. »

Je les vois presque. Les chiffres qui disparaissent des étiquettes. Les étiquettes qui n'ont plus de sens. Sans nombre, plus besoin de les classer. Tu rentres, tu prends un collant, une culotte, une robe, sans te poser de question. Parce que quelle que soit ta morphologie, tu sais qu'il y aura ta taille.

En fait, tu ne te trompes pas, parce que tu n'as pas besoin de tellement de vêtements que ça. Tu n'as plus besoin de nourrir voracement ton armoire de tissu, parce que tu cours après la robe parfaite, le sac parfait, la veste parfaite, qui te permet de te sentir éphémèrement différente.

Plus besoin, non, plus besoin parce que je ne me déteste plus d'être imparfaite, je ne me déteste plus de ne pas être autre, je ne me déteste plus de ne pas avoir le corps de l'élite. Toi non plus d'ailleurs. Elle non plus d'ailleurs.

Ça n'a pas d'importance parce que nos capacités à accéder à des ressources nous permettant de nous sentir bien ne sont plus déterminées en fonction de nos largeurs. Dans ce monde utopique, personne n'a peur de manquer. Alors, je n'ai plus à me haïr de ne pas ressembler à d'autres, car cette différence ne m'entrave pas dans ma vie quotidienne.

Je les sens presque, les coussins confortables sur lesquels je suis assise. Habituée au confort. Un mobilier convenable pour mes fesses taille 52. Un mobilier adapté à toutes les morphologies. Un mobilier qui n'est pas anti-SDF, anti-personnes handicapées, anti-grosses.

Le mobilier urbain m'accueille, et ne me force pas à vouloir me réduire.

Je la sens presque, l'odeur d'été qui arrive. La joie inaltérée à l'idée d'offrir mon corps au soleil. La légèreté de mon corps dans l'eau, qui embrasse sans discuter tous les centimètres cubes de ma peau et de mon être.

Et je m'abandonne au soleil. Et je m'abandonne à l'eau.

Je m'y vois presque. Sur cette plage immense, face à l'immensité saphir. Toutes ces peurs, lourdes sur mon corps épié, ont cessé de m'entraver.

Je ne suis plus que joie en retrouvant l'océan Atlantique. La honte est obsolète. Elle n'a plus de sens, pas plus que les expressions *bikini body* et *summer body*. *Summer body* ? Mais l'été a toujours été prêt à accueillir nos corps, nos gras, et nos imperfections, pas vrai ?

Je le sens presque. Le vent dans mes cheveux crépus. Peut-être qu'au moment de l'utopie, ils auront tourné à l'argent. Couleur qui témoignera paisiblement du nombre important de saisons que j'aurai pu voir. Je la sens presque, la libération de ne plus être poussée à devoir courir après la jeunesse éphémère, poussée à devoir courir après la minceur.

Je la vois presque.

Je ne serai peut-être plus qu'un souvenir. Une aïeule lointaine.

Je la vois presque.

Elle est si belle, cette petite fille. Je ferme les yeux et je l'imagine presque. Elle aura peut-être mon nez, la forme de mon visage.

Froncer les sourcils à l'idée que, fut un temps, on aurait refusé un emploi, des ressources, à quelqu'un en fonction de sa couleur de peau, de son poids, de son genre.

Elle fronce les sourcils, comme moi j'ai froncé les sourcils quand on m'a dit pour la première fois que, fut un temps, certains pensaient que la Terre était plate.

Je déguste par avance son éclat de rire choqué, en l'entendant lire « Black Lives Matter ». En l'entendant parler de body-positive. De complexes concernant l'apparence physique.

Je l'imagine s'exclamer : « Mais ça n'allait pas de soi ? »

Ça n'allait pas de soi ?

Je l'entends presque, cette question qui a le goût d'utopie réalisée.

Alors, j'utopie.

Tu utopies.

Nous utopions.

Il y a quelque temps, je voyageais pour me rendre à une conférence à Genève. Me voilà disponible pour rêver, du moins pendant quelques heures. Du temps pour rêver à nouveau. Cette fois, contrairement à mes différents trajets dans le Transilien, je n'avais pas envie d'échapper à ma vie. Je ne rêvais pas de minceur, ni d'un bonheur potentiel dans un autre corps.

Au contraire, je réalisais que j'avais de la chance de pouvoir voyager pour aller discuter de féminisme. Imaginez comment doivent se sentir nos aïeules femmes. Combien de nos arrière-grands-mères et celles qui venaient avant elles n'auraient jamais imaginé avoir un compte en banque à leur nom.

Pas de compte en banque. Pas de vote. Pas de voix. Pas de contrôle de leur corps. Pas de droit de décider combien d'enfants elles allaient avoir.

Toute leur vie était liée à des hommes : leur père, leurs frères, leur époux.

Elles n'étaient absolument pas considérées.

Dans certains endroits, c'est toujours le cas.

Pourtant, grâce au travail de féministes, qu'on a traitées de tous les noms, de féministes, qui pour certaines ont posé des bombes, plusieurs barrières sont tombées. Certaines utopies se sont transformées en réalité.

Remontons encore. Pensons aux esclaves noirs, ceux qui sont nés en esclavage.

Ils sont nés dans un monde qui les privait d'à peu près tous leurs droits humains. Un monde où les négriers, les esclavagistes, les politiques et les ecclésiastiques ont tous tenté, à leur manière, de les exclure de la société.

Et cela a duré des générations et des générations. Des générations où les mères voyaient leurs enfants être donnés. Des générations où la moindre tentative de faire famille était écrasée.

Des générations où on a convaincu des centaines de milliers d'individus qu'ils n'étaient que des biens meubles.

Pourtant, certains ont pensé à s'enfuir. Certains ont pensé à s'échapper.

Certains ont rêvé l'utopie ultime, la liberté.

Qu'est-ce qui explique cette persistance, cette espérance plus forte et plus vive encore que ce que promettaient les croyances martelées ?

Me rappeler l'exemple des esclaves noirs, et de leur quête éperdue pour la liberté, me rappelle que les choses qui paraissaient les plus folles au moment du combat peuvent devenir réalité.

Si une telle chose a pu se réaliser, si des générations de personnes esclavagisées ont pu se libérer, alors tout est possible.

Tout est possible. Peupler nos bibliothèques mentales d'images positives demande de la pratique. Il faut étirer notre imagination, la travailler, la solliciter. Lui laisser toute la place. Lui laisser toute la latitude et le temps.

Ce futur a l'air inimaginable ? Naïf ? Optimiste ? Enfantin ? C'est normal.

Je sais que ce discours sonne un peu ridicule, un peu naïf.

D'ailleurs, lorsque nous discutions de politique, mon père a eu tendance à me dire ça, que j'étais un peu naïve. Pourtant, je revendique le droit à la naïveté.

D'ailleurs, notre imaginaire collectif est peuplé d'idées qui pourraient être considérées comme naïves.

Le fait de pouvoir croire que l'on va pouvoir coloniser Mars est totalement naïf.

Et puis, certaines choses qui nous paraissent aller de soi semblent être des utopies pour d'autres. Allez parler de sécurité sociale universelle, ou des cinq semaines de congés payés dans certains pays comme les États-Unis ou des pays du Sud global !

C'est le *but*.

Dans nos sociétés occidentales, il me semble que notre taux de résistance face au risque et à l'inconnu est assez faible. Or, qu'y a-t-il de moins sécurisé qu'une utopie ? L'utopie, c'est le risque.

L'utopie, du moins nos utopies de gauche, c'est avoir une forme de foi en l'humanité aussi.

Une foi qui a été décrédibilisée par la droite depuis des décennies.

L'utopie, c'est une forme de foi collective : on peut avoir mieux. Collectivement.

On n'est pas obligés de se recroqueviller sur nos peurs.

Laissons nos espoirs, et nos corps prendre toute la place.

Finalement, je pense que moi aussi, je suis devenue cette meuf grosse. La même que je jugeais et qui m'impressionnait à la fois, celle qui prend toute la place dans le métro, qui est habillée avec des robes colorées courtes, les jambes grosses comme le Kentucky, qui va dans le métro, les écouteurs qui déversent du Lizzo et du Solange dans ses oreilles.

Moi aussi, je suis devenue le pire cauchemar de Cristina Cordula. Je suis cette meuf qui vient danser sur la piste de danse, qui sue à grosses gouttes parce qu'elle se perd dans la musique.

Je suis celle qui dit à ses copines, et aux tiennes aussi, qu'elles valent mieux que tout ce que la société a bien voulu leur faire croire.

Je suis celle qui poste son cul taille 52 sur les réseaux, et le pire cauchemar de tous ceux que ça met en PLS.

Je suis votre pire cauchemar parce que oui, j'aime les frites, j'aime la raclette et non, je ne vais pas faire semblant de manger une salade César au déjeuner pour vous convaincre que mon corps mérite d'être respecté.

Je suis votre pire cauchemar parce que malgré tout, mon corps continue à vivre, à fonctionner, à aimer, à être aimé.

Je suis votre pire cauchemar parce que je ne dis pas aux petites qu'il faut qu'elles « souffrent pour être belles ».

Je suis votre pire cauchemar parce que je ne pense pas que les gros et les grosses doivent soit devenir minces, soit mourir dans leur coin.

Je suis le pire cauchemar des gens qui fantasment sur les années 1950.

Je suis votre pire cauchemar, et je ne suis pas la seule. On est une multitude, des filles-cauchemar, à la colère, à la joie et aux rêves pour ce monde taillé XXXL.

Je suis votre pire cauchemar, et quand bien même, mon corps mérite d'être respecté. Tous les corps méritent d'être respectés, quels qu'ils soient, parce que la vie humaine n'existe nulle part ailleurs dans l'Univers, et que cette coïncidence ou ce hasard scientifique est quand même proche du miracle.

« *What women want is dangerous* » explique Glennon Doyle, écrivaine du livre *Indomptée*.

Beaucoup de femmes se retiennent de dire ce qu'elles veulent parce que c'est dangereux. Elles répriment leur imagination et se taisent. Le silence est un mécanisme de protection, car souvent, le fait d'exprimer ses besoins ou son envie est mal reçu.

Elles ont été silenciées, par le patriarcat, certaines par le racisme.

La réalité, c'est que ce que veulent la plupart des femmes est dangereux pour le pouvoir.

La réalité, c'est que nos rêves aussi sont dangereux.

Nos rêves sont le pire cauchemar de ceux qui bénéficient de nos angoisses, de nos craintes et de tous les moments où l'on se diminue.

Alors, j'ai compris aussi, du moins je tente de comprendre que finalement, c'est compréhensible de vouloir rêver de minceur, de cheveux longs, de super Bonnasse.

C'est plus facile à court terme qu'à long terme. C'est plus facile, même si cela nous emprisonne. Même si cela fait du mal. C'est bien plus simple de se dire que c'est nous le problème, et que chacun, individuellement, doit changer.

Mais l'idée de voir d'autres femmes, des filles, des sœurs, des nièces, porter cette même haine d'elles-mêmes et de leur corps, cette même envie de se réduire et de ne pas prendre de place, c'est mon cauchemar à moi.

C'est ma version personnelle de la dystopie, que je souhaite combattre de toutes mes forces.

On mérite plus qu'une terre en feu, brûlée par le changement climatique. On mérite mieux que des sièges trop étroits, des vêtements trop petits, des soins bâclés. Il y a de la puissance chez les grosses. Il y a de la puissance chez les vieilles. Il y a de la puissance chez les Noires.

Puissance qui s'est construite dans le fait d'avoir continué à respirer malgré la honte. D'avoir continué à se lever malgré l'absence, l'invisibilité.

Tous ces petits complexes sont comme des petites fêlures qui nous font croire que nous sommes cassées.

Trop cassées pour être parfaites. Trop cassées pour mériter d'être bien traitées.

C'est faux, nous ne sommes pas endommagées. Nous sommes entières, et nous méritons d'être traitées avec dignité. Cette puissance, elle peut s'observer brièvement sur Instagram. Non pas par le postage de la photo en tant que telle. Pas même pas les *likes*. Mais parce que cette photo compte, elle marque l'instant où nous sommes sorties de l'obscurité. De l'invisibilité.

L'instant où nous avons arrêté, où nous avons oublié d'avoir honte de notre corps. Dans ce cliché, c'est cette absence de honte, cette liberté qui m'éblouit.

C'est cette puissance qui me fait tellement envie.

Il y a de la puissance chez les grosses. Chez les minces. Chez les vieilles. Chez les baisables et les oubliées. Chez les putes et les coincées. Chez celles dont on a voulu contrôler le corps, le soustraire, celles dont on a exposé et arraché le corps. Chez celles qui ont refusé d'avoir peur du célibat. Celles qui existent en dehors du regard masculin.

Il y a de la puissance chez celles qui se couvrent. Chez celles qui sont à poil, qui sont poilues. Chez celles qui refusent d'être ramenées et résumées à leur patrimoine génétique. Celles qui manifestent. Celles qui se battent. Celles qui acceptent d'être dans la lumière, même celle qui fait ressortir toutes nos imperfections. Cette puissance naît de nos imperfections.

Cette puissance, je la vois dans les manifestations féministes, je la vois dans les yeux de Rachel Keke qui parle de dignité à un festival afroféministe, je la vois quand des femmes décident de se défendre face aux attaques sexistes.

Dans les trains, je rêve à de nouvelles choses. Je souhaite que nos corps ne soient plus discriminés, et que leurs capacités à éprouver, à ressentir soit plus importantes que leur apparence physique. Je souhaite un espace public qui permette à tous les corps de se sentir légitimes à exister.

Parce que le vrai mouvement body-positive, c'est un mouvement antiraciste, féministe, queer, qui lutte contre toutes les injustices, et qui rêve d'un monde bien meilleur que celui qui nous est proposé.

Viens le construire avec nous, du côté des laides, des moches, des laissées-pour-comptes, de celles qui se débattent, de celles qui veulent arrêter de se réduire et de se diminuer. Oui, certaines d'entre nous sont bizarres. Oui, parfois on est grosses et moches et poilues, et on est des hystériques aux cheveux bleus, des vieillardes.

Mais que c'est doux de réapprendre à respirer, que c'est enivrant de prendre toute la place, sans peur, ensemble, même juste un instant. Venez respirer avec nous.

Vous verrez, au bout d'un moment, vous aussi vous aurez envie de changer le monde.

J'ai rêvé de la norme.

J'ai rêvé de minceur.

J'ai rêvé d'être une autre.

Ce rêve a pris tant de place qu'il a écrasé qui j'étais.

Pour nous et pour les autres, je rêve d'autre chose.

Je veux offrir en héritage ma capacité à rêver un monde meilleur.

Imaginez un monde où les femmes, toutes les femmes, de la femme de ménage à la secrétaire en passant par l'infirmière, l'institutrice, la prostituée, la mère, n'ont plus peur. Plus peur de manquer. Manquer de temps, manquer d'espace. Manquer de sécurité.

Je me souviens de moments de communion, éphémères et structurants, entre femmes, pendant des rassemblements et des festivals afroféministes. L'adrénaline qui emplit ton cerveau, qui te renverse, est indescriptible. La sensation d'être à la fois protégée, puissante et entourée ressentie dans des manifestations ou des marches pour les droits des femmes est exceptionnelle. Alors vous, les dévouées malheureuses du culte à la Bonnasse, vous qui êtes si belles sans pouvoir le croire, vous les magnifiques qui le savez, venez nous rejoindre.

Venez respirer du côté des moches, des filles-cauchemar, de celles qui ont perdu au marché de la bonne meuf, comme dirait Despentes.

Venez découvrir les textes de Audre Lorde, de Maya Angelou, de Monique Wittig, d'Alice Coffin et de Toni Morrison... Devenez le cauchemar des misogynes, *incels*, et racistes en tous genres.

Venez respirer et prendre librement toute la place nécessaire, avec nous.

Vous verrez, au bout d'un moment, vous aussi vous aurez envie de changer le monde.

Remerciements

L'idée de ce livre a éclot dans le salon d'une petite auberge de jeunesse de Porto, à l'été 2019.

Depuis, il a fait un bout de chemin !

Je tenais à remercier ma mère et ma grand-mère, de s'être battues, chacune à sa manière, pour m'offrir à moi, un espace pour créer.

Mon père, qui a forgé ma capacité à porter haut mes idées, sans avoir honte.

Mes frères, Serges, François et Frédéric, pour leur soutien et leur présence.

Merci à toute l'équipe d'Albin Michel : Olivier, Marie, Stéphanie sans qui ce livre ne serait pas ce qu'il est.

Merci à Hina pour cette fabuleuse couverture et ton enthousiasme.

Merci à toi Roxane, de continuer à m'accompagner et à me pousser vers des sommets dorés.

Merci à toi Lauren, d'y avoir cru.

Merci à Emilie, pour ses encouragements constants, ses relectures patientes, nos discussions qui ont rendu ce livre plus brillant encore.

Merci à Margot, Mathilde, Sana, Alexane, Mathilde, Laura, Chakib, Salomé, Audrey, Célia, Landry, Lise, Yolande, Farrah, et toutes celles et ceux qui, à un moment ou à un autre m'ont aidé à construire un refuge où j'ai pu être vulnérable. C'est pour nous, aussi, que je l'écris.

Dépôt légal : novembre 2022
Imprimé en Espagne par Liberdúplex